U0369132

"一起成长"家庭阅读系列

教养子女必备·启蒙宝鉴

下

夏家善　编著

南开大学出版社

天　津

下册目录

家诫要言

（明）吴麟徵

《家诫要言》是明朝官吏吴麟徵居官时写给子侄辈的家书,是对后代伦理道德和行为规范等方面进行的教诲。后经其子吴蕃昌摘录其语,并做加工,辑为《家诫要言》。由于类似格言警语,并两两相偶,通俗好懂,便于记诵,曾作为蒙学读物广为流传。《家诫要言》字数不多,共辑录七十三则,每则最短的仅七八个字,最长的也不过一百二十多字。在《家诫要言》中,作者对如何治学、交友、立身、处世、勤俭持家等,进行了全面论述,虽篇幅不长,但内容却相当丰富,充满哲理。其中有关教育子女暗修学业,加强道德修养、宽以待人、周济孤寡等方面的内容,至今仍有借鉴意义。但其中所隐含的宿命论观点和明哲保身的思想,则是应当摒弃的。

进学莫如谦[1]，立事莫如豫[2]，持己莫若恒[3]，大用莫若畜[4]。

注　释

[1] 进学：使学业有进步。　莫（mò）如：没有什么比得上。　谦：谦虚。

[2] 立事：建功立业。　豫：事先有所准备。

[3] 持己：持身。此指修身养性。
莫（mò）若：没有什么比得上。　恒：持之以恒。

[4] 大用：委以重任。　畜（xù）：通"蓄"。积聚。这里指积聚才干。

争目前之事，则忘远大之图[1]；深儿女之怀，便短英雄之气[2]。

注　释

[1] 争目前之事，则忘远大之图：争，计较；图，抱负，志向。这两句是说，斤斤计较眼前的事情，就会忘掉高远而宏大的抱负。

[2] 深儿女之怀，便短英雄之气：深，深入，陷入；儿女之怀，即儿女之情，指男女青年之间缠绵不断的恋情；短，缺少；短英雄之气，即"英雄气短"，是指才识之士因遭困厄或迷恋于爱情而意志消沉。这两句的意思是，沉陷于男女缠绵恋情，就会使英雄缺少豪壮气概。

多读书则气清[1]，气清则神正[2]，神正则吉祥出焉，自天佑之[3]；读书少则身暇[4]，身暇则邪间[5]，邪间则过恶作焉，忧患及之[6]。

注 释

[1] 则：就。 气清：指内心清明。

[2] 神正：精神清正。

[3] 神正则吉祥出焉，自天佑之：佑，特指神灵的庇护帮助。这两句是说，精神清正就会产生祥和之气，自然神灵也会庇护他。

[4] 身暇：闲暇，无所事事。

[5] 邪：邪念。 间(jiàn)：夹杂，掺杂。

[6] 邪间则过恶作焉，忧患及之：过恶，错误，罪恶；作，发生。这两句是说，各种邪念掺杂其中，罪恶就会发生，困苦患难也就跟着来了。

通三才之谓儒[1]，常愧顶天立地[2]；备百行而为士[3]，何容恕己责人[4]？

注　释

[1] 通：通晓。　三才：天、地、人。　谓：称之为。　儒：儒生，读书人。

[2] 常愧顶天立地：愧，惭愧；顶天立地，头顶青天，脚踏大地。此指在天地间立身做人。这句是说，常常为在天地间立身做人而惭愧自责。

[3] 备：齐备，具备。　百行（xíng）：各种品行。　为：称作。

[4] 何容：怎么容许。　恕己责人：宽恕自己而苛求别人。

知有己不知有人[1]，闻人过不闻己过[2]，此祸本也[3]。故自私之念萌[4]，则铲之[5]；谗谀之徒至[6]，则却之[7]。

注　释

[1] 己：自己。　人：他人，别人。

[2] 闻：听到。　过：过失，过错。

[3] 祸：祸患，灾祸。　本：根源。

[4] 念：念头，想法。　萌：萌生，产生。

[5] 铲：铲除。

[6] 谗谀：谗毁和阿谀。　至：到，来。

[7] 却：使退去。即"让他走开"。

师友当以老成庄重、实心用功为良[1]，若浮薄好动之徒[2]，无益有损[3]，断断不宜交也[4]。

注 释

[1] 师友：老师和朋友。这里指求师交友。老成庄重：经验丰富，老练稳重。 实心：真心实意。 用功：下功夫。 良：好，最好。

[2] 浮薄：浮躁浅薄。

[3] 益：益处。 损：损害。

[4] 断断：绝对。用于否定式。 不宜：不应该。

方今多事[1]，举业之外[2]，更当进所学[3]。碌碌度日[4]，少年易过[5]，岂不可惜[6]？

注　释

[1] 方今：当今，现时。　多事：多事变。指国家不安定。

[2] 举业：封建时代为应科举考试而准备的学业。明清时专指八股文。

[3] 当进所学：应当使学业有所进步。

[4] 碌碌度日：平庸无为地虚度光阴。

[5] 少（shào）年易过：青少年时代很快就会过去。

[6] 岂不可惜：难道不值得惋惜吗？

鸟必择木而栖[1]，附托非人者[2]，必有危身之祸[3]。

注　释

[1] 必：一定。　择木而栖：选择合适的树木栖身。

[2] 附托：依附，依靠。　非人：行为不端的人。

[3] 危身：危及自身。　祸：祸患。

这段话说明，有为之士，必须选择合适的发展环境，依托有德之人，自己的才智才能得到发挥；否则将一事无成。

见其远者大者[1]，不食邪人之饵[2]，方是二十分识力[3]。

注　释

[1]见:见识。　远:高远。　大:宏大。

[2]不食邪人之饵:邪人,心术不正的人；饵,本指钓鱼或诱捕其他禽兽的食物,这里是"引诱"或"诱骗"的意思。不食邪人之饵,不受奸邪小人的诱骗。

[3]识力:识别事物的能力。

这一段话告诉我们,在生活中要想不受奸邪小人的诱骗,必须加强修养,提高辨别能力。

语云[1]：身贵于物[2]。汲汲为利[3]，汲汲为名[4]，俱非尊生之术[5]。

注　释

[1] 语云：俗话说。

[2] 身贵于物：身体比外物宝贵。

[3] 汲(jí)汲：心情急切的样子。　为利：得到利禄。

[4] 为名：得到名位。

[5] 俱：都。　非：不是。　尊生：保重生命。　术：方法，做法。

这段话告诉我们一个道理：身体不是获取"名""利"的工具。

人心止此方寸地[1]，要光明洞达[2]，直走向上一路[3]。若有龌龊卑鄙襟怀[4]，则一生德器坏矣[5]。

注　释

[1] 止：只。　方寸地：言其小。

[2] 洞达：胸襟开阔磊落。

[3] 向上一路：佛教禅宗认为不可思议的彻悟境界。这里指道德修养的高超境界。

[4] 若：如果，假如。　龌龊（wò chuò）：肮脏。这里指丑恶。　卑鄙：低微鄙陋。襟怀：胸怀。此指思想。

[5] 德器：道德修养与才识度量。

交游鲜有诚实可托者[1]，一读书则此辈远矣[2]，省事省罪[3]，其益无穷[4]。

注　释

[1] 交游：交际，结交朋友。这里指热衷交际的人。　鲜(xiǎn)：少。　托：依托。

[2] 一读书则此辈远矣：一，一心，用心；远，远离。这句是说，我们一心读书，这样的人就会远离我们。

[3] 省(shěng)事：减少事务。这里指减少了麻烦。　罪：过失，错误。

[4] 益：好处。　无穷：形容极多。

立身作家读书[1]，俱要有绳墨规矩[2]，循之则终身可无悔尤[3]。

注　释

[1] 立身：处世、为人。　作家：治家，理家。

[2] 绳墨：木工画直线用的工具。比喻规矩或法度。　规矩：校正圆形和方形的两种工具。比喻标准法度。

[3] 循：遵循。　终身：一生。

悔尤：怨恨，悔恨。

不合时宜[1]，遇事触忿[2]，此亦一病[3]。多读书则能消之[4]。

注　释

[1] 合：符合。　时宜：当时的潮流或风尚。

[2] 触忿：触发内心愤怒。

[3] 此：这。　一病：一种弊病。

[4] 消：消除，除去。

莫道作事公[1]，莫道开口是[2]，恨不割君双耳朵[3]，插入人家听非议[4]。

注　释

[1] 莫(mò)道：不要说。　作事：处事。

　　公：公正，公平。

[2] 开口是：说的话正确。

[3] 恨不割君双耳朵：君，对对方的尊称，犹言"您"。此处通称"你"。这句是说，恨不得割掉你的一双耳朵。

[4] 人家：别人的家。　非议：指责，批评。

家用不给[1]，只是从俭[2]，不可搅乱心绪[3]。

注　释

[1] 家用：家庭中的日常开销。　不给（jǐ）：不充足，匮乏。

[2] 只是：只有，一味。　从（cóng）俭：追求节俭。

[3] 不可：不可以，不可能。　搅乱：扰乱。心绪：心思，心情。

恶不在大[1]，心术一坏[2]，
即入祸门[3]。

注　释

[1] 恶(è)：恶行，坏事。　大：大小的程度。

[2] 心术：内心，心地。

[3] 即入祸门：即，就；祸门，灾祸之地。即
　　入祸门，就会酿成灾祸。

茹荼历辛[1]，自是儒生本色[2]。须打清心地以图大业[3]，万勿为琐琐萦怀[4]。

注 释

[1] 茹荼(tú)：荼，苦菜。茹荼，比喻受尽苦难。 历辛：历尽艰辛。

[2] 自是：本来就是。 儒生：通儒家经书的人。泛指读书人。 本色：本来面貌。

[3] 须：必须。 打清心地：使心地清净。 图：谋求。 大业：大功业。

[4] 万勿：千万不能，万万不可。 琐琐萦怀：细微小事萦绕心怀。

游谈损德[1]，多言伤神[2]，

如其不悛[3]，误己误人[4]。

注　释

[1] 游谈：指言谈浮夸不实。　损德：损坏

德行。

[2] 多言伤神：说话过多耗损精神。

[3] 不悛（quān）：不悔改。

[4] 误己误人：贻害自己也贻害他人。

俗客往来[1]，劝人居积[2]，谀人老成[3]，一字入耳[4]，亏损道心[5]，增益障蔽[6]，无复向上事矣[7]。

注　释

[1] 俗客：庸俗的人，不高雅的人。　往来：交往，交际。

[2] 居积：囤积。即积聚财货。

[3] 谀人：奉承别人。　老成：精明练达，精明强干。

[4] 一字入耳：只要听到他们说的一个字。

[5] 亏损：损害，缺损。　道心：本指天理，义理。这里指道德之心。

[6] 增益障蔽：增加遮蔽。此指减少了自知之明。

[7] 无复向上事：使人不再有积极进取的心了。

小 学

（宋）朱　熹

《小学》是南宋理学大师朱熹于淳熙十四年(1187年)编撰的一部蒙学读物。《小学》全书共386章,分为内篇和外篇。内篇214章,分立教、明伦、敬身和稽古四个类目。外篇172章,分嘉言和善行两个类目。《小学》一书编成后,朱熹及其弟子当即把它用于教育实践。南宋后期,《小学》已广泛地应用于小学教育。元、明、清三朝,经官方提倡及诸多名家推广,《小学》产生了不容忽视的影响。据统计,《小学》从问世至清朝末年,注释和扩充《小学》的书籍不下百种。同时,《小学》还流传到朝鲜半岛和日本,成为当地的小学教材,发挥着重要的作用。可以说,朱熹编撰的《小学》,不仅是一部优秀的蒙学教材,它还有着化民成俗的政教意义和修身治家的示范作用。

《曲礼》曰[1]：幼子常视毋诳[2]，立必正方[3]，不倾听[4]。

注　释

[1]《曲礼》：《礼记》篇名。《礼记》，亦称《小戴记》或《小戴礼记》。儒家经典之一。秦汉以前各种礼仪论著的选集。相传西汉戴圣编纂，今本为东汉郑玄注本。

[2] 幼子：年幼的儿童。一般指一岁到六七岁的小孩儿。　视：通"示"。教育的意思。　毋：不要。　诳(kuáng)：欺骗。

[3] 立：站立。　正方：正对着一个方向。

[4] 倾听：侧着耳朵听。

孟子曰[1]：人之有道也[2]，饱食暖衣，逸居而无教[3]，则近于禽兽。圣人有忧之[4]，使契为司徒[5]，教以人伦[6]：父子有亲，君臣有义，夫妇有别，长幼有序，朋友有信[7]。

注　释

[1] 孟子：名轲，字子舆，战国邹人。被认为是孔子学说的继承者，有"亚圣"之称。

[2] 人之有道：人都有上天赋予的本性。

[3] 逸居：安居。　无教：未接受教育。

[4] 圣人：这里指尧。

[5] 契(xiè)：尧舜之臣，任司徒，主管教育。

[6] 人伦：人与人之间正确的关系与次序。

[7] "父子有亲"五句：意思是，父子之间要有骨肉之亲，君臣之间要忠诚，夫妇之间要内外有别，长幼之间要尊卑有序，朋友之间要有诚信。

兴于诗[1]，立于礼[2]，成于乐[3]。

注　释

[1] 兴于诗：兴，兴起，此指激发意志；于，用。这句的意思是，用诗来激发意志。

[2] 立于礼：立，立身，此指立身处世；礼，社会生活中由于风俗习惯而形成的行为准则、道德规范和各种礼节。这句的意思是，用礼来立身处世。

[3] 成于乐：成，完成，养成；乐，音乐。这句的意思是，用音乐来完成道德修养。
从这三句我们可以看出诗、礼、乐对人生道德修养的作用。

子夏曰[1]：贤贤易色[2]，事父母能竭其力[3]，事君能致其身[4]，与朋友交言而有信[5]，虽曰未学[6]，吾必谓之学矣[7]。

注　释

[1] 子夏：姓卜名商，字子夏，春秋时卫国人。孔子弟子。

[2] 贤贤易色：语出《论语·学而》。本指对妻子要重品德，不重容貌。后多指尊重贤德的人，不看重女色。

[3] 事：侍奉。　竭其力：尽心竭力。

[4] 致其身：献出自己的生命。

[5] 交：交往。　言而有信：说话守信用。

[6] 虽：即使，纵然。　未学：没有经过学习。

[7] 必：一定。　谓：说。

曾子曰[1]：父母爱之，喜而不忘[2]；父母恶之[3]，惧而无怨[4]。父母有过[5]，谏而不逆[6]。

注　释

[1] 曾子：指曾参，字子舆，春秋鲁国人。孔子弟子。

[2] 喜而不忘：内心喜悦而不能忘记。

[3] 恶（wù）：讨厌，憎恨。

[4] 惧而无怨：内心恐惧而不怨恨。

[5] 过：过失，过错。

[6] 谏而不逆：谏，规劝；逆，违背。谏而不逆，用婉转的话规劝而不顶撞父母。

《内则》曰[1]：父母虽没[2]，将为善[3]，思贻父母令名[4]，必果[5]；将为不善[6]，思贻父母羞辱[7]，必不果[8]。

注　释

[1]《内则》：《礼记》篇名。

[2] 没(mò)：去世。

[3] 将为(wéi)善：将要做好事。

[4] 思：想，想要。　贻(yí)：遗留，留下。

　　令名：美名。

[5] 必果：必须果断地去做。

[6] 不善：不好的事。

[7] 羞辱：耻辱。

[8] 必不果：必，犹"则"，就。必不果，就坚

　　决不做。

孔子曰[1]：五刑之属三千[2]，而罪莫大于不孝[3]。

注　释

[1] 孔子：孔丘，字仲尼，春秋时鲁国人。儒家学派的创始人。封建统治者一直把他尊为圣人。

[2] 五刑：指墨（刺面）、劓（割鼻）、剕（fèi，断足）、宫（宫刑）、大辟（处死）。

属：种类。

[3] 罪：罪过，罪行。　莫大于不孝：没有比不孝更大的（罪行）了。

有官守者[1]，不得其职[2]，则去[3]；有言责者[4]，不得其言[5]，则去。

注　释

[1] 官守：官位职守，官吏的职责。

[2] 不得其职：不能够尽他的职责。

[3] 则去：就辞官离去。

[4] 言责：进言劝谏的责任。

[5] 不得其言：（上司）不听从他的劝谏。

侍坐于先生[1]，先生问焉[2]，终则对[3]。请业则起[4]，请益则起[5]。

注 释

[1] 侍坐：陪坐。

[2] 先生问焉：老师向学生提问。

[3] 终：此指老师说完话。 对：回答。

[4] 请业：向人请教学业。 起：站立，站起来。

[5] 请益：请求老师再讲一遍。

侍坐于君子[1]，若有告者曰[2]："少间[3]，愿有复也[4]。"则左右屏而待[5]。

注　释

[1] 君子：泛指才德出众的人。

[2] 若：如果，假如。　有告者曰：有人来向君子说。

[3] 少间(shǎo jiān)：请稍停息。

[4] 愿有复：希望向你禀告。

[5] 则左右屏(bǐng)而待：屏，退避；待，等待。这句的意思是，(陪坐的人听了这话)如在左边就从左边退去，如在右边就从右边退去，然后在外等待。

子贡问友[1]，孔子曰："忠告而善道之[2]，不可则止[3]，无自辱焉[4]。"

注　释

[1] 子贡：端木赐，字子贡，春秋时卫国人。孔子弟子。　问友：询问怎样对待朋友。

[2] 忠告：真诚地劝告。　善道（dǎo）：道通"导"。善道，好好地引导。

[3] 不可：不听从。　止：停止。

[4] 自辱：自取其辱，自讨没趣。

益者三友[1]，损者三友[2]。友直、友谅、友多闻[3]，益矣；友便辟、友善柔、友便佞[4]，损矣。

注　释

[1] 益者三友：有益的朋友有三种。

[2] 损：有害，伤害。

[3] 友直：与正直的人交朋友。　友谅：谅，诚实。友谅，与守信义的人交朋友。友多闻：与见识广博的人交朋友。

[4] 便（pián）辟：谄媚奉迎。　善柔：当面奉承背后诋毁。　便（pián）佞：巧言善辩。

孟子曰：不挟长[1]，不挟贵[2]，不挟兄弟而友[3]。友也者，友其德也，不可以有挟也[4]。

注　释

[1] 挟长(xié zhǎng)：挟，倚仗。挟长，倚仗年长。

[2] 挟贵：倚仗显贵。

[3] 不挟兄弟而友：不倚仗兄弟的势力和帮助来结交朋友。

[4] 友也者，友其德也，不可以有挟也：这三句的意思是，结交朋友，看中的是别人的德行，不应该倚仗别的什么。

孟子的这段话是讲结交朋友的原则的。

孔子曰：君子无不敬也[1]，敬身为大[2]。身也者，亲之枝也[3]，敢不敬与[4]？不能敬其身，是伤其亲[5]；伤其亲，是伤其本[6]；伤其本，枝从而亡[7]。

注　释

[1] 君子无不敬：君子没有不敬重的。

[2] 敬身：敬重自身。

[3] 身也者，亲之枝也：亲，父母双亲。这两句是说，子辈的身体是从父母的根本上生出的枝节。

[4] 敢不敬与：与，同"欤"，表疑问语气。敢不敬与，能不敬重吗？

[5] 伤其亲：伤害了父母。

[6] 本：根本。

[7] 枝从而亡：枝节也就随着枯死了。

居处恭[1]，执事敬[2]，与人忠[3]，虽之夷狄[4]，不可弃也[5]。

注　释

[1] 居处恭：居家时的仪容举止要极其恭谨。

[2] 执事敬：做事严谨认真。

[3] 与人忠：与人相处尽心尽力。

[4] 虽：即使。　之：往，到。　夷狄：指边远少数民族地区。

[5] 不可弃也：(这三种品德)也不可舍弃。

《曲礼》曰：礼不逾节[1]，不侵侮[2]，不好狎[3]。修身践言[4]，谓之善行[5]。

注　释

[1] 礼：礼制。　逾节：超越等级界限。

[2] 侵侮：侵犯轻慢，侵害欺侮。

[3] 好（hào）：喜好，喜欢。　狎（xiá）：亲近而不庄重。

[4] 修身：陶冶身心，涵养德行。

　　践言：履行诺言。

[5] 谓：称得上。　善行（xíng）：美好的品行。

　　这段主要讲修养自身所遵守的界限。

孔子曰：君子食无求饱[1]，居无求安[2]。敏于事而慎于言[3]，就有道而正焉[4]，可谓好学也已[5]。

注　释

[1] 食无求饱：吃饭不追求饱足。

[2] 居无求安：居住不追求安逸。

[3] 敏于事：做事敏捷勤快。　慎于言：说话谨慎。

[4] 就：靠近，接近。　有道：有才德的人。正：请求教正。

[5] 可谓：可以称得上。　也已：语气助词。表示肯定。

《曲礼》曰：凡视[1]，上于面则敖[2]，下于带则忧[3]，倾则奸[4]。

注　释

[1] 视：视线所注。

[2] 上于面则敖：敖，同"傲"。傲慢。这句的意思是，（看人）视线高于对方的面部，便露着傲气。

[3] 下于带则忧：（看人）视线低于对方的衣带，便露出忧心。

[4] 倾则奸：（看人）目光斜视，就显得心术不正。

　　这一段讲礼制，即使与人对视，也要谨慎行事，考虑周密。

教小儿，先要安详恭敬[1]。今世学不讲[2]，男女从幼便骄惰坏了[3]，到长益凶狠[4]。只为未尝为子弟之事[5]，则于其亲已有物我[6]，不肯屈下[7]。病根常在[8]，又随所居而长[9]，至死只依旧。

注　释

[1] 安：安静。　　详：审慎。　　恭：谦恭。
　　敬：敬畏。

[2] 世学：社会和学校。

[3] 骄惰：骄纵怠惰。

[4] 长（zhǎng）：长大。　　益：更加。

[5] 只：这。　　为（wèi）：因为。　　未尝：没有。

[6] 亲：父母。　　物我：彼此之分。

[7] 屈下：屈己退让。

[8] 病根：毛病的根源。

[9] 所居：所处的环境。　　长（zhǎng）：
　　滋长。

童稚之学[1]，不止记诵[2]。养其良知良能[3]，当以先入之言为主[4]。

注　释

[1] 童稚：儿童，小孩。

[2] 不止：不仅，不限于。　记诵：默记背诵。

[3] 良知：儒家指人类先天具有的道德意识。　良能：人天性本身具有的能力。

[4] 先入之言：指小时候先听到的话。

幼学之士[1]，先要分别人品之上下[2]，何者是圣贤所为之事[3]，何者是下愚所为之事[4]。向善背恶[5]，去彼取此[6]，此幼学所当先也[7]。

注　释

[1] 幼学之士：幼学，古称十岁为"幼学之年"。幼学之士，初学的儿童。

[2] 人品：人的品格。　上下：高低。上指圣贤，下指下愚。

[3] 圣贤：道德才智杰出的人。

[4] 下愚：愚笨的人。

[5] 向善背恶：亲近善人，避开恶人。

[6] 去彼取此：除掉恶的，选择善的。

[7] 先：摆在首位的。

马援诫侄严、敦曰[1]：好议论人长短[2]，妄是非正法[3]，此吾所大恶也[4]，宁死不愿闻子孙有此行也[5]。

注 释

[1] 马援：字文渊，东汉扶风茂陵（今属陕西）人。曾任陇西太守，后为伏波将军。其"马革裹尸"的气概甚得后人崇敬。

[2] 好（hào）：喜欢。 长（cháng）短：长处和短处，优点和缺点。

[3] 妄：随便。 是非：评论，议论。正法：指国法。

[4] 大恶（wù）：最痛恨。

[5] 行（xíng）：品行。

汉昭烈将终[1]，敕后主曰[2]："勿以恶小而为之[3]，勿以善小而不为[4]。"

注　释

[1] 汉昭烈：指刘备。字玄德，涿县（今河北省涿州市）人。在成都称帝，国号汉，谥昭烈帝。　将终：临死前。

[2] 敕（chì）：告诫。古为自上命下之词。汉时凡尊长告诫后辈或下属皆称敕。后主：指刘禅。刘备之子，为蜀汉后主，后降魏。

[3] 勿：不要。　以：因为。　恶（è）：坏事，坏的行为。　为（wéi）：做。

[4] 善：好事，好的行为。

言其所善[1]，行其所善[2]，思其所善[3]，如此而不为君子[4]，未之有也[5]。言其不善，行其不善，思其不善，如此而不为小人[6]，未之有也。

注　释

[1] 言：说。　其：虚指。无义。　　所善：善事，好的事。

[2] 行(xíng)：做。

[3] 思：想，考虑。

[4] 如此：这样。　　不为(wéi)：不成为。君子：才德出众的人。

[5] 未之有也：没有这样的事。

[6] 小人：识见浅狭的人。

古灵陈先生为仙居令[1]，教其民曰：行者让路[2]，耕者让畔[3]，斑白者不负载于道路[4]，则为礼义之俗矣[5]。

注　释

[1] 古灵陈先生：指陈襄，字述古，北宋福州侯官（今福州）人，其所居村名古灵，故称古灵先生。　仙居令：仙居县县令。

[2] 行者让路：赶路时要给路中的人让道。

[3] 让畔：畔，田界。让畔，不争田界。

[4] 斑白者：头发花白的人。指老年人。负载：背负着东西。

[5] 则为礼义之俗矣：就能形成讲礼义的风俗。

冠者[1]，成人之道也[2]。成人者，将责为人子、为人弟、为人臣、为人少者之行也[3]。将责四者之行于人，其礼可不重与[4]？

注 释

[1] 冠：古代男子成年时举行加冠礼，叫作冠。一般在二十岁。

[2] 成人之道：成年人的标志。

[3] 责：要求，责求。 为（wéi）人子：做子女。 为人弟：做弟弟。 为人臣：做臣子。 为人少（shào）：做晚辈。 行（xíng）：品行。

[4] 将责四者之行于人，其礼可不重与：可不，岂不是；与，同"欤"，语气词。这两句的意思是，要求一个人具备这四种品行，加冠礼岂不是很重吗？

一命之士[1]，苟存心于爱物[2]，于人必有所济[3]。

注　释

[1] 一命之士：即周代时所指的九品小官。

[2] 苟：如果，假如。　存心于爱物：存心，心里所怀有的；物，人，此指百姓。存心于爱物，心里怀有爱护百姓的心意。

[3] 人：此指百姓。　必：一定。　济：帮助。

当官者，凡异色人皆不宜与之相结[1]，巫祝尼媪之类[2]，尤宜疏绝[3]，要以清心省事为本[4]。

注　释

[1] 异色人：不务正业的人。　接：交往，结交。

[2] 巫祝：拜神弄鬼的人。　尼：尼姑。媪（ǎo）：指牙婆。旧称以介绍人口买卖为业、从中牟利的人。

[3] 疏绝：疏远断绝。

[4] 清心：内心纯正。　省（xǐng）事：明白事理。　本：根本。

当官者,先以暴怒为戒[1]。事有不可[2],当详处之[3],必无不中[4]。若先暴怒,只能自害[5],岂能害人。

注　释

[1] 暴怒:猝然发怒。　戒:警戒。

[2] 不可:不可以,不顺利。

[3] 详处:周密考虑,审慎处理。

[4] 必无不中(zhòng):必,一定;中,符合事理。必无不中,一定能做得合情合理。

[5] 自害:自己害了自己。

伊川先生曰[1]：若要久[2]，须是恭敬[3]。君臣朋友[4]，皆当以敬为主也[5]。

注　释

[1] 伊川先生：即程颐，北宋洛阳（今属河南）人，字正叔，世称伊川先生。少与其兄程颢俱学于周敦颐，同为北宋理学创立者。

[2] 若要久：是说朋友如果想要长久相处。

[3] 须：必须。　恭敬：对人谦恭有礼貌。

[4] 君臣朋友：指君主与臣下之间，朋友与朋友之间。

[5] 敬：恭敬。

孙思邈曰[1]：胆欲大而心欲小[2]，智欲圆而行欲方[3]。

注　释

[1] 孙思邈：唐代京兆华原（今陕西耀州区）人。我国著名医学家。

[2] 胆欲大：胆子大要敢于有所作为。而：却，但。　心欲小：内心要谨慎敬畏。

[3] 智欲圆：圆，圆通。智欲圆，智慧要圆通。　行（xíng）欲方：行，行为；方，方正。行欲方，行为要方正。

古语云[1]：从善如登[2]，从恶如崩[3]。

注　释

[1] 古语：指古代流传下来的格言警句。云：说。

[2] 从善如登：从，顺随，顺从；登，攀登。这句是说，顺随善德好似向上攀登一样艰难。

[3] 从恶(è)如崩：恶，恶行；崩，崩落，倒塌。这句是说，顺从恶行好似崩塌一样迅速。

孝友先生朱仁轨隐居养亲[1]，尝诲子弟曰[2]：终身让路[3]，不枉百步[4]；终身让畔[5]，不失一段[6]。

注　释

[1] 朱仁轨：字德容，唐代永城（今属河南）人。私谥孝友先生。　隐居：深居乡野不出仕。　养（yǎng）亲：奉养父母。

[2] 尝：曾经。　诲：教导，训诲。

[3] 终身：一辈子。

[4] 枉：白费。　百步：此指不太多。

[5] 畔：田界，地界。

[6] 不失一段：损失不了多少地。

这段是说，自己让了别人，别人也会受到感化反过来让自己，其实，这是两全其美的事。

仲由喜闻过[1]，令名无穷焉[2]。今人有过不喜人规[3]，如护疾而忌医[4]，宁灭其身而无悟也[5]，噫[6]！

注　释

[1] 仲由：字子路，又字季路，春秋时鲁国人。孔子弟子。　过：过失，过错。

[2] 令名：美好的名声。

[3] 规：规劝。

[4] 护疾：忌讳而隐瞒疾病。　忌医：忌讳医治。

[5] 宁：宁可，宁愿。　灭其身：毁灭自身。无悟：不觉醒，不悔悟。

[6] 噫（yī）：叹词。表示叹息。犹"唉"。

人于外物奉身者[1]，事事要好[2]，只有自家一个身与心[3]，却不要好[4]。苟得外物好时，却不知道自家身与心已自先不好了也[5]。

注　释

[1] 人：此指普通人。　于：对，对于。

　　外物：身外之物。此指衣食住行之类。

　　奉身：养身。

[2] 事事：样样，件件。

[3] 只有：仅有。　自家：自己。　身：身子。　心：心志。

[4] 却：反而，倒。　不要好：不加以约束。

[5] "苟得外物好时"两句：苟，如果。这两句的意思是，如果奉养身体的外物都好了，倒不知道自己的身子与心志已经放纵，那就不好收拾了。

横渠先生曰[1]：学者舍礼义[2]，则饱食终日无所猷为[3]，与下民一致[4]，所事不逾衣食之间[5]，燕游之乐耳[6]。

注　释

[1] 横渠先生：即张载，字子厚，宋凤翔郿县横渠镇（今属陕西宝鸡市眉县）人，故世称横渠先生。宋代著名理学家。

[2] 学者：求学的人。　舍（shě）：放弃，舍弃。　礼义：礼法道义。

[3] 猷（yóu）为：猷，谋判。猷为，作为。

[4] 下民：此指不学习的下等人。

　　一致：没有差别。

[5] 所事：所做的事。　不逾：不过，不超过。

[6] 燕游之乐：追求宴饮游乐的乐趣。

　　耳：表示限止语气，与"而已""罢了"同义。

攻其恶[1]，无攻人之恶[2]。盖自攻其恶[3]，日夜且自点检[4]，丝毫不尽[5]，则慊于心矣[6]，岂有工夫点检他人耶[7]。

注 释

[1] 攻其恶(è)：攻，治理，整治；恶，此指过恶。攻其恶，整治自己的过恶。

[2] 无：不要。 攻：指责。

[3] 盖：连词。承接上文，表示原因或理由。自攻其恶(è)：自己改正过恶。

[4] 点检：反省，检点。

[5] 丝毫不尽：一丝一毫的过恶没改正。

[6] 慊(qiǎn)于心：慊，不满足。慊于心，内心就不满足。

[7] 岂有：哪有，哪里有。 耶：助词。用于句中或句末，表示疑问。

未知养亲者,欲其观古人之先意承颜[1],怡声下气[2],不惮劬劳[3],以致甘腝[4],惕然惭惧[5],起而行之也[6]。

注 释

[1] 先意:揣摩父母的意旨。 承颜:顺承父母的脸色。

[2] 怡声:说话声音和悦。 下气:呼吸不出声。表示极其恭顺。

[3] 不惮劬(qú)劳:惮,怕;劬,劳苦。不惮劬劳,不怕劳苦。

[4] 以致甘腝(ér):致,通"至";以致,即"以至",犹言"直到";甘腝,鲜美柔软的食物。以致甘腝,直到让父母吃到美味可口的食物。

[5] 惕然惭惧:内心惶恐而感到惭愧。

[6] 起而行(xíng)之:起,开始;行,效法。起而行之,开始效法古人,奉养父母。

读数十卷书，便自高大，陵忽长者[1]，轻慢同列[2]，人疾之如仇敌[3]，恶之如鸱枭[4]。如此以学求益，今反自损，不如无学也[5]。

注　释

[1] 陵忽：欺凌轻慢。

[2] 轻慢：对人不尊重，态度傲慢。　同列：同一班列，地位相同的人。

[3] 疾：憎恨，痛恨。

[4] 恶（wù）：讨厌，厌恶。　鸱（chī）：鸱鹰。性凶暴。　枭（xiāo）：猫头鹰一类的鸟。性怪异。

[5] 如此以学求益，今反自损，不如无学也：这三句的意思是，像这样想用读书来让自己受益，现在反而让自己受损，还不如不读书好。

薛包好学笃行[1]，父娶后妻而憎包，分出之[2]。包日夜号泣[3]，不能去[4]，至被殴杖[5]。不得已，庐于舍外[6]，旦入而洒扫[7]。父怒，又逐之。乃庐于里门，晨昏不废[8]。积岁余，父母惭而还之。后服丧过哀[9]。

注 释

[1] 薛包：字孟尝，东汉汝南人。以孝著称。
　　笃行（xíng）：行为淳厚，纯正踏实。

[2] 分出之：把他（薛包）逐出家门。

[3] 号（háo）泣：大声哭泣。

[4] 不能去：不愿离开。去，离开。

[5] 殴杖：用棍棒殴打。

[6] 庐：搭盖草棚。　舍：屋舍，房子。

[7] 旦：清晨，早晨。

[8] 晨昏不废：早晚向父母请安，从不间断。

[9] 服丧过哀：（父母死后）守丧超过礼的限制。

晋西河人王延事亲色养[1]，夏则扇枕席[2]，冬则以身暖被[3]。隆冬盛寒[4]，体常无全衣[5]，而亲极滋味[6]。

注　释

[1] 王延：字延元，晋西河人。以孝闻名。事亲：侍奉父母。　色养：和颜悦色地奉养双亲。

[2] 夏则扇枕席：夏天替父母扇凉枕头和席子。

[3] 冬则以身暖被：冬天用身体替父母暖热被子。

[4] 盛寒：严寒，极寒。

[5] 体常无全衣：身上常常没有完好的衣服。

[6] 滋味：美味。指把最好的食物给父母吃。

吕荥公自少守官处[1]，未尝干人举荐[2]。其子舜从[3]，守官会稽[4]，人或讥其不求知者[5]，舜从对曰："勤于职事[6]，其他不敢不慎，乃所以求知也[7]。"

注 释

[1] 吕荥公：即吕希哲，字原明。因封荥阳郡公，故称吕荥公。 守官：历任各种官职。

[2] 未尝：未曾，不曾。 干人：请求别人。举荐：推荐。

[3] 舜从：吕希哲之子吕疑问，字舜从。

[4] 守官会(kuài)稽：在会稽做官。会稽，即今浙江绍兴。

[5] 人或讥其不求知者：有人责备舜从不会让别人了解自己。

[6] 职事：职务范围之内的事。

[7] 求知：让别人了解自己。

刘宽虽居仓卒[1]，未尝疾言遽色[2]。夫人欲试宽，令恚[3]，伺当朝会[4]，装严已讫[5]，使侍婢奉肉羹，翻污朝衣，婢遽收之[6]，宽神色不异，乃徐言曰[7]："羹烂汝手乎[8]?"其性度如此[9]。

注　释

[1] 刘宽:字文饶,东汉弘农华阴人。任南阳太守。以温仁宽恕著称。　居:处于,处在。　仓卒(cù):匆忙急迫。

[2] 疾言遽色:语言神色粗暴急躁。

[3] 令:使,让。　恚(huì):愤怒,发怒。

[4] 伺:等待。朝(cháo)会:臣属朝见天子。

[5] 装严:装束整齐。

[6] 遽:急忙。

[7] 徐言:从容而言,慢慢地说。

[8] 烂:烫伤。

[9] 性度:性情度量,性情气度。

王文正公发解、南省、廷试皆为首冠[1]，或戏之曰[2]："状元试三场，一生吃着不尽[3]。"公正色曰[4]："曾平生之志[5]，不在温饱。"

注　释

[1] 王文正公：即王曾，字孝先。宋真宗时为相。卒谥文正。　发解：唐宋时，应贡举合格者，至京参与礼部会试，称发解。　南省：唐时称尚书省为南省。此指由尚书省礼部举行的会试。　廷试：科举会试中式后，由皇帝主持的考试。通常称殿试。　首冠：第一。

[2] 或：有人。　戏：开玩笑。

[3] 吃着不尽：吃穿享用不完了。

[4] 公：指王曾。　正色：神色庄重，态度严肃。

[5] 曾：王曾自称。

柳玭曰[1]：高侍郎兄弟三人[2]，俱居清列[3]，非速客不二羹胾[4]。夕食[5]，齕卜匏而已[6]。

注 释

[1] 柳玭：唐朝京兆华原人。唐代大臣。出身名宦世家。

[2] 高侍郎兄弟三人：指唐人高锴和他的长兄高钺、二兄高铢。高锴官礼部侍郎、高钺官翰林学士、高铢官给事中。

[3] 清列：高贵的官位。

[4] 非：不是。 速客：请客。 羹胾(zì)：肉汤和大块肉。

[5] 夕食：晚餐。

[6] 齕(hé)：咬，吃。 卜匏(páo)：此指萝卜和匏瓜(葫芦)。 而已：表示仅止于此。犹"罢了"。

江信民尝言[1]："人常咬得菜根[2]，则百事可做[3]。"胡康侯闻之[4]，击节叹赏[5]。

注　释

[1] 江信民：即江革，字信民，北宋临川人。试礼部第一。为长沙教授。

[2] 咬得菜根：比喻安于过清苦的生活。

[3] 百事：各种事务，事事。

[4] 胡康侯：指胡安国，字康侯，崇安人。因原籍福建武夷山，学者称武夷先生。后世称胡文定公。

[5] 击节：打拍子。　叹赏：赞赏。

小学诗

（清）谢泰阶

《小学诗》是清代学者谢泰阶撰写的一部蒙学作品。宋代理学大师朱熹的《小学》问世后，为几个朝代的人所必读，谢泰阶就是这中间的一个。他熟读《小学》，认为《小学》语沁人心，感想颇多；于是，他有感而发，写成《小学诗》。《小学诗》依《小学》前三节"立教""明伦""教身"的次第依次写来。虽本《小学》，但实际内容又脱出了《小学》，显得更为丰富和充实。全篇用韵语编写，五字一句，四句一节，很适于童蒙诵读。

自古重贤豪[1]，

诗书教尔曹[2]，

人生皆有事[3]，

修己最为高[4]。

注　释

[1] 贤豪：贤士豪杰。

[2] 诗书：本指《诗经》和《尚书》，这里泛指
　　书籍。　尔曹：犹言汝辈、你们。

[3] 人生：指人的一生。　皆：都。

[4] 修己：自我修养。

弟子从师者[1]，

先须守学规[2]，

置身规矩里[3]，

百事可修为[4]。

注　释

[1] 弟子：学生。　从师：跟老师学习。即
入学校读书。

[2] 守：遵守。　学规：学校的规章。

[3] 规矩：一定的标准、成规。

[4] 百事：事事。　修为（wéi）：做，实行。

一切要安详[1]，

居游有定方[2]，

形容须静正[3]，

举动莫轻狂[4]。

注　释

[1] 安详：稳重，从容。

[2] 居游：家居与出游。　定方：指出游要
有确定的去处。

[3] 形容：外貌，模样。　静正：恬淡平和而
趋于纯正。

[4] 举动：举止行动。　轻狂：放浪轻浮。

两路分头处[1]，

全看立志时[2]，

正邪由一念[3]，

毕世定根基[4]。

注　释

[1] 分头处：道路分岔的地方。此指确立人
　　生道路的重要时刻。

[2] 立志：树立远大志向。

[3] 正邪：正道与邪路。　由：由于。

　　一念：一动念间，一个念头。

[4] 毕世：毕生，终生。　定：确定，确立。

　　根基：基础。

敏鲁何相远[1],

专心自有成[2],

古今英杰士[3],

只是功夫精[4]。

注　释

[1] 敏鲁:聪慧与鲁笨。　何:为什么,什么
　　缘故。　相远:差距大。

[2] 自:自然,当然。　有成:成功,有成就。

[3] 古今:从古至今。　英杰士:才智杰出
　　的人。

[4] 功夫:本领,造诣。

肯用功夫者[1]，

真知为己身[2]，

品行从此好[3]，

识见自超伦[4]。

注　释

[1] 功夫：指做事所费的精力和时间。

[2] 真知：正确而深刻的认识。

　　己身：自身。

[3] 品行(xíng)：人品德行。

[4] 识见：见解，见识。　自：自然。

　　超伦：超群，出众。

若得书中味[1]，

谁能不读书[2]？

试为深咀嚼[3]，

自问果何如[4]？

注 释

[1] 若：假如，如果。 得：获得，得到。

书中味：书中的奥妙。

[2] 能：能够。

[3] 试：姑且、试着。 为（wéi）：进行。

深：深入。 咀嚼（jué）：本指嚼食，这

里是"体味"的意思。

[4] 自问果何如：果，成就。表示事与预期

相合。这句话的意思是，自己问自己成

果怎么样？

孝子人人敬[1]，

天心最喜欢[2]，

一生灾晦免[3]，

到处得平安[4]。

注　释

[1] 孝子：孝顺父母的儿子。

　　　敬：尊敬，尊重。

[2] 天心：犹天意。即上天的意愿。

[3] 灾晦：一作"灾悔"。灾难，晦气。

[4] 到处（chù）：处处，各处。

人子原当孝[1]，

还须新妇同[2]，

一门都孝顺[3]，

家道自兴隆[4]。

注　释

[1] 人子:指子女。这里专指儿子。

　　原:原本。

[2] 新妇:称新娘子。新娶的媳妇。

　　同:认同。指儿子与新妇共同承担孝顺

　　父母的责任。

[3] 一门:一家子。

[4] 家道:家业,家境。　兴隆:兴旺隆盛。

若到为官日^[1]，

须知报国恩^[2]，

倘令贪与酷^[3]，

枉读圣贤文^[4]。

注 释

[1] 为（wéi）官：当官，做官。　日：指（为官）那一天。

[2] 须知：必须知道，应该知道。　报：报答，报效。　国恩：指封建时代王朝或君主所赐予的恩惠。

[3] 倘令：假令，假如。　贪：贪污。　酷：残暴。

[4] 枉读：白白地读。　圣贤文：指圣人和贤人的文章或书籍。

国事如家事^[1]，

荣身须致身^[2]，

作忠才尽孝^[3]，

勉力学纯臣^[4]。

注　释

[1] 国事:国家的政事。　家事:泛指家庭事务。

[2] 荣身:使其身荣显。　致身:此指献身。

[3] 作忠:尽忠。　尽孝:对父母尊长尽孝道。

[4] 勉力:努力。　纯臣:忠纯笃实之臣。

娶妇休论色[1]，

也休论嫁妆[2]，

惟须贤惠女[3]，

好与过时光[4]。

注　释

[1] 娶妇：指男子娶媳妇。　休：不要。

　论(lùn)：考虑。　色：女子的美貌。

[2] 嫁妆：亦作"嫁装""嫁粧"。陪嫁的

　财物。

[3] 贤惠女：贤明仁慈的女子。

[4] 好与过时光：时光，日子。这句的大意

　是，好在一起过日子。

择婿只宜贤^[1]，

切休索聘钱^[2]，

女儿身所靠^[3]，

一误到何年^[4]！

注　释

[1] 择婿:挑选女婿。　宜:应当。　贤:有

德行,有才能。

[2] 切:务必,一定。　索:索取,索要。

聘钱:即"聘礼"。订婚时的财礼。

[3] 身:一辈子,终身。　靠:倚靠。

[4] 一误:耽误。　何年:哪一年,什么

时候。

婚嫁宜从俭[1],

愚人外面装[2],

惹将明者笑[3],

何算是排场[4]?

注　释

[1] 婚嫁:嫁娶。　俭:节俭,节省。

[2] 愚人:愚昧的人,浅陋的人。　外面装:
在外面装富有,对外装富。

[3] 惹将明者笑:明者,明白事理的人;笑,
笑话,讥笑。这句的意思是,惹得明白
人看笑话。

[4] 何算是排场:何算,怎么算是;排场,此
指给脸面增添光彩。这句的意思是,怎
么能算给脸面增添了光彩呢?

宗族宜和睦[1],

乡邻要让推[2],

丝毫存刻薄[3],

怨气招之来[4]。

注 释

[1] 宗族:同宗同族之人。

[2] 乡邻:同乡和邻居。　让推:即"推让"。

逊让,推辞。

[3] 刻薄(bó):冷酷无情。

[4] 怨气:怨恨的情绪。

酒肉非朋友[1]，

须防入下流[2]，

时亲方正士[3]，

雅范自家求[4]。

注　释

[1] 酒肉：酒和肉。此指在一起吃吃喝喝的
交往。

[2] 下流：下品，劣等。

[3] 时亲：经常接近。　方正士：指行为、品
性正直无邪的人。

[4] 雅范：指脱俗的风度、高尚的品格。
自家：自己。　求：谋求，追求。

交友尽贤良[1]，

芝兰室内藏[2]，

满身皆馥郁[3]，

不异芝兰香[4]。

注　释

[1] 交友：结交朋友。　尽：全都是。　贤
　　良：有德行才能的人。

[2] 芝兰：芝通"芷"。芝兰：芷和兰。皆为
　　香草。

[3] 馥(fù)郁：形容香气浓厚。

[4] 不异：没有差别，等同。

直友言无讳[1]，

休云不愿听[2]，

听言过自少[3]，

义理炳如星[4]。

注　释

[1] 直友：为人正直的朋友。　言：说话。

　　无讳：没有顾忌，没有隐瞒。

[2] 休：不要。　云：说。

[3] 听言：听直友的话。　过：失误，错误。

　　自：自然。

[4] 义理炳如星：义理，道理；炳如，明显昭

　　著的样子。这句的意思是，(听直友的

　　话)道理就像明星一样显著。

倘喜人誉我[1],

誉言日益多[2],

誉多因自是[3],

义理渐消磨[4]。

注 释

[1] 倘:假若,假如。　喜人:喜欢别人……

　　誉:称赞,赞美。

[2] 誉言:赞美的话。　日益:一天比一天。

[3] 因:因而,因此。　自是:自以为是。

[4] 义理:合乎一定伦理道德的行事准则。

　　消磨(mó):消耗,磨灭。

谅者以心交[1]，

相投等漆胶[2]，

纵然当患难[3]，

托庇似同胞[4]。

注 释

[1] 谅者：守信义的人。 以：用。 心交：
真心和朋友交往。

[2] 相投：彼此合得来。 等：等同。 漆
胶：即"胶漆"。比喻情谊亲密无间。

[3] 纵然：即使。 当（dāng）：遇到。
患难（nàn）：指艰险困苦的处境。

[4] 托庇：靠别人的庇护。 同胞：同父母
所生。

君子总虚心[1]，

骄矜是小人[2]，

回头不认错[3]，

贻误到终身[4]。

注　释

[1] 君子:泛指才德出众的人。

[2] 骄矜:骄傲自负。　小人:识见浅狭
的人。

[3] 回头:回头之间。喻时间短促。犹言一
会儿。

[4] 贻误:亦作"贻悮"。耽误。
终身:一生。

俭朴最为良[1]，

奢华不久长[2]，

粗衣与淡饭[3]，

也过好时光[4]。

注　释

[1] 俭朴:节俭朴实。　良:好。

[2] 奢华:奢侈豪华。

久长(cháng):长久。

[3] 粗衣:粗糙的布做的衣服。　淡饭:简

单、不讲究的饭食。

[4] 好时光:好日子,舒心的日子。

年少书生辈^[1]，

淫书不可看^[2]，

暗中多斫丧^[3]，

白璧恐难完^[4]。

注 释

[1] 年少(shào)：犹少年。　书生辈：读书
　　的那些人。

[2] 淫书：内容淫秽、宣扬色情的书籍。

[3] 暗中(zhōng)：不公开的，私下里。
　　斫丧(zhuó sàng)：摧残，伤害。

[4] 白璧恐难完：白璧，纯白无瑕的玉，喻指
　　身心纯真的少年；难，不能；完，完美。
　　这句的意思是，(看了淫书)纯真无邪的
　　少年身心受到了伤害。

口角细微事[1]，

何妨让几分[2]，

从来大灾难[3]，

多为小争纷[4]。

注 释

[1] 口角（jué）细微事：口角，争执，争吵；细
微，细小。这句的意思是，发生争执或
争吵本来是一点细小的事。

[2] 何妨：不妨。　让几分：几分，表示部
分。让几分，退让一步。

[3] 大灾难（nàn）：大的灾祸。

[4] 为（wèi）：因为，由于。　小争纷：争纷，
即"纷争"，纠纷。小争纷，小的纠纷。

天道最公平[1]，

便宜勿占人[2]，

天宽并地阔[3]，

何弗让三分[4]。

注　释

[1] 天道：犹天理，天意。

[2] 勿：不，不要。　占人：此指贪图别人
　　（便宜）。

[3] 天宽并地阔：是说天地这么广大。指很
　　有余地。

[4] 何弗让三分：何，为什么；弗，不；三分，
　　十分之三，表示部分。这句的意思是，
　　为什么不能谦让一些呢？

莫入赌钱场[1]，

如投陷马坑[2]，

终身从此误[3]，

家业必消倾[4]。

注 释

[1] 莫(mò)：不，不能。　赌钱场：赌场。

[2] 如：像，如同。　陷马坑：一种防御工
事。在要隘处掘土为坑，以陷敌方人
马。这里用来指陷阱。

[3] 终身：一生，终竟此身。　误：耽误。即
误入歧途。

[4] 家业：犹家产。　消倾：倾覆。此指
毁掉。

第一伤人物[1]，

无如鸦片烟[2]，

此中关劫数[3]，

明者避为先[4]。

注　释

[1] 第一：最重要的。

[2] 无如：比不上。　鸦片烟：指鸦片。鸦
　　片汁煎熬成膏，再置烟枪上，烧泡而吸
　　其烟，嗜者久服成瘾，衰羸不能复振而
　　致死。

[3] 关：关联，涉及。　劫数（shù）：原为佛
　　教语。指极漫长的时间。后亦指厄运，
　　灾难。

[4] 明者：聪明人，明白人。　避：躲开，
　　远离。

技艺随人学[1]，

营生到处寻[2]，

一生勤与俭[3]，

免得去求人[4]。

注　释

[1] 技艺：指某种技术性工作。　　随人：跟
　　随别人，跟着别人。

[2] 营生：谋生之事，职业。　　寻：寻找，
　　谋求。

[3] 勤与俭：勤劳俭朴。

[4] 求人：请求别人帮助。

小学韵语

（清）罗泽南

《小学韵语》的作者是清代湖南人罗泽南。罗泽南是举人出身，曾做过一段时间的蒙师，后来参加了曾国藩的湘军。他精于理学，深入钻研过宋代理学大师朱熹的《小学》。他认为，朱熹的《小学》，名为小学，实则大学之教也不过如此，确为儒者为学的基础，但文字深奥，且语句有长有短，参差不齐，不易于记诵，为童蒙阅读带来了极大的不便。经认真考虑，他决计进行改写。于是他撷取大要，加以发挥，用韵语写成，定名《小学韵语》。其后他又多次修订，使其更加充实、完备。

幼儿不学[1]，

遂丧天真[2]，

性漓情乖[3]，

不可为人[4]。

注　释

[1] 幼:指小孩,儿童。　不学:不学习,不
　　求学。

[2] 遂:于是,就。　丧(sàng):丧失,失去。
　　天真:指不受礼俗拘束的品性。

[3] 性漓:性情浅薄。　情乖:情感背离。

[4] 不可:不可以,不可能。　为(wéi)人:
　　做人。此指成为一个有才德的人。

凡为弟子[1]，

夙夜侭恪[2]，

向晦晏息[3]，

日出而作[4]。

注　释

[1] 弟子：学生。

[2] 夙夜：朝夕、日夜。　侭恪（kè）：庄严
恭敬。

[3] 向晦：夜晚。　晏息：休息，安息。

[4] 日出而作（zuò）：太阳出来就起来做事。

童子之年[1]，

不衣裘帛[2]，

洁其衣裳[3]，

正其服色[4]。

注　释

[1] 童子:儿童,未成年男子。　年:年纪。

[2] 衣(yì):穿。　裘:用毛皮制成的衣服。

　　帛:用丝绸制成的衣服。

[3] 洁:清洁,干净。　衣裳:古时衣指上

　　衣,裳指下裙。后泛指衣服。

[4] 正(zhèng):纯一不杂。　服色:衣服的

　　样式色泽。

交友之道[1]，

惟淡乃成[2]，

甘如醴者[3]，

忿怒易生[4]。

注　释

[1] 交友：结交朋友。　道：道理。

[2] 惟：只有。　淡：淡泊。此指君子之交。
　　乃：才。　成：成功。

[3] 甘：甜。此指甜言蜜语的朋友。此为小
　　人之交。　醴：甜酒。

[4] 忿怒易生：忿怒，愤怒。这句是说，（甜
　　如蜜的朋友）愤怒会轻易发生。指朋友
　　断绝交往。

交友之道，

惟敬乃久[1]，

谑浪笑傲[2]，

难善其后[3]。

注　释

[1] 敬：指相互尊敬，相互尊重。

久：长久，久长。

[2] 谑浪笑傲：亦作"谑浪笑敖"。戏谑放
浪、调笑戏弄。

[3] 难善其后：善，完美；后，结果。这句的
意思是，很难使结果完美。

益友当亲[1]，

损友当绝[2]，

善人芝兰[3]，

恶人蛇蝎[4]。

注　释

[1] 益友：有益的朋友。　亲：亲近，接近。

[2] 损友：对自己有害的朋友。

　　绝：断绝交往。

[3] 善人：善良的人，有道德的人。

　　芝兰：芝通"芷"。芷兰皆为香草。

[4] 恶人：坏人。　蛇蝎：蛇与蝎子。比喻

　　恐怖的事物或狠毒的人。

士有争友[1]，

令名日灼[2]，

他山之石，

可以为错[3]。

注　释

[1] 士：成年男子的通称。　争友：通"诤
友"。能直言规劝的朋友。

[2] 令名：美好的声誉。　日：一天一天地。
灼（zhuó）：彰著。

[3] 他山之石，可以为错：错，治玉用的硬质
石。这两句语出《诗·小雅·鹤鸣》。
本指别国的贤才也可用为本国的辅佐，
正如别山的石头也可为砺石，用来琢
玉。后因以"他山之石"喻指能帮助自
己改正错误缺点或提供借鉴的外力。

人不读书，

面墙而立[1]，

义理莫名[2]，

悔尤交集[3]。

注　释

[1] 面墙而立：指面对墙壁而立，一无所知。
　　比喻不学习。

[2] 义理：犹道理。　　莫名：没法说明白。

[3] 悔尤：后悔、怨恨。　　交集：指不同的事
　　物、感情聚焦或交织在一起。

戒尔童子[1]，

勿开奢端[2]，

俭入奢易[3]，

奢入俭难[4]。

注　释

[1] 戒：告诫。　尔：你，你们。

[2] 勿：不，不要。　奢端：奢侈的开端。

[3] 俭入奢易：由俭朴进入奢侈很容易。

[4] 奢入俭难：由奢侈进入俭朴很困难。

戒尔童子，

勿生骄矜[1]，

月满则缺[2]，

器满则倾[3]。

注　释

[1] 生：滋生，产生。　骄矜：骄傲自负。

[2] 月满则缺：月亮最圆的时候就开始出现
　　亏缺。比喻事物发展到极点则开始
　　衰退。

[3] 器满则倾：容器满溢，则将倾覆。比喻
　　事物发展超过一定界限就会向相反方
　　面转化。亦比喻骄傲自满将导致失败。

勿摘人失[1]，

勿言人恶[2]，

责己宜厚[3]，

责人宜薄[4]。

注　释

[1] 摘（zhāi）：指摘，责备。　人：别人，他

　　人。　失：错误，过失。

[2] 言：说。　恶（è）：此指坏话。

[3] 责己：要求自己。　厚：指多。

[4] 责人：要求别人。　薄：指少。

勿护己短[1]，

勿饰己非[2]，

闻过不喜[3]，

如疾忌医[4]。

注　释

[1] 护：袒护。　己：自己，自身。

短：缺点，过失。

[2] 饰：粉饰，掩饰。　非：错误。

[3] 闻过不喜：听到别人指出自己的过失不

高兴。即不虚心接受意见。

[4] 如：像，如同。　疾：病，病痛。　忌：禁

忌，忌讳。　医：治病。

小学绀珠

（宋）王应麟

《小学绀珠》是宋代著名学者王应麟继《三字经》之后撰写的又一部蒙学读物。这部蒙学读物编写体例别致，极具特色。全书分天道、律历、地理、人伦、性理、人事、艺文、历代论、名臣、氏族、职官、治道、制度、儆诫、动植等十五类，每类之下，以数为纲，以此数所统之目分隶于下，别具一格。作者为本书取名缘于一个传说。相传，唐朝开元间宰相张说有绀色珠一颗，遇有遗之事，便持弄此珠，遂觉心神开悟，事无巨细，焕然明晓，因名记事珠。后用以比喻博记。作者取的正是这一意义。

三乐[1]：

父母俱存[2]，兄弟无故[3]，一乐也；仰不愧于天[4]，俯不怍于人[5]，二乐也；得天下英才而教育之[6]，三乐也。

注　释

[1] 三乐：指君子的三件乐事。下面的一段话出自《孟子·尽心下》。

[2] 父母俱存：指父母都健在。

[3] 无故：特指没有发生非常的变故，如灾祸疾病之类。

[4] 仰：抬头。

[5] 俯：低头。　怍（zuò）：羞惭，惭愧。

[6] 英才：才智杰出的人。

四行[1]：

事君忠[2]，事亲孝[3]，交友信[4]，处乡顺[5]。

注　释

[1] 四行（xíng）：四种品行。

[2] 事君：侍奉君主。　忠：特指事上（帝王）忠诚。

[3] 事亲：侍奉父母。

[4] 信：诚实不欺。

[5] 处乡：与同乡人相处。　顺：和顺。

三戒[1]:

少戒色[2]，壮戒斗[3]，老戒得[4]。

注　释

[1] 三戒：三项禁戒。以下三句出自《论语·季氏》。

[2] 少(shào)：此指年轻时期。　色：女色。

[3] 壮：壮年。　斗：争强好斗。

[4] 老：老年。　得：贪得无厌。

为学之序[1]：

博学之[2]，审问之[3]，慎思之[4]，明辨之[5]，笃行之[6]。

注　释

[1] 为(wéi)学：做学问，治学。以下五句出自《中庸·第二十章》。

序：同"叙"。次序。

[2] 博学：广泛地学习。　之：助词。用以调整音节或表示提顿，没有实际意义。

[3] 审问：详细地问。是说在学问的深究上，深入追求。

[4] 慎思：谨慎思考。

[5] 明辨：明确地分辨，辨别清楚。

[6] 笃行(xíng)：切实履行，专心实行。

修身之要[1]：

言忠信[2]，行笃敬[3]，惩忿窒欲[4]，迁善改过[5]。

注　释

[1] 修身:陶冶身心,涵养德行。

　　要:要点。

[2] 言:说话。　　忠信:忠诚守信用。

[3] 行(xíng):行为。　　笃敬:笃厚敬肃。

[4] 惩忿窒欲:克制愤怒,杜塞情欲。

[5] 迁善改过:改正过失而向善。

处世之要[1]：

正其谊[2]，不谋其利[3]，明其道[4]，不计其功[5]。

注　释

[1] 处（chǔ）世：生活在人世间。引申指参与政治或社交活动。

[2] 正其谊：其（qí），助词，用于句中，无实义。以下各句中的"其"，皆如此。正其谊，维护公理，主持公道。

[3] 不谋：不谋求。

[4] 明其道：阐明治道，阐明道理。

[5] 不计其功：不计较功利。

接物之要[1]：

己所不欲，勿施于人，[2] 行有不得[3]，反求诸己[4]。

注 释

[1] 接物：谓与人交往。

[2] 己所不欲，勿施于人：出自《论语·颜渊第十二》。这两句的意思是，自己不愿意的事，不要强加于别人。

[3] 行（xíng）有不得：行为有不得体的，行为有不妥当的。

[4] 反求诸己：犹躬身自问。就是指从自己方面找原因。

四益[1]：

无益之言勿听[2]，无益之事勿为[3]，无益之文勿观[4]，无益之友勿亲[5]。

注　释

[1] 四益：指益言、益事、益文、益友。

[2] 言：话。　勿：不。

[3] 为(wéi)：做，干。

[4] 文：文章。此泛指文章书籍之类。

观：看，阅读。

[5] 亲(qīn)：结交。

三立[1]：

立德[2]，立功[3]，立言[4]。

注 释

[1] 三立：指立德、立功、立言。语本《左传·襄公二十四年》：“大上有立德，其次有立功，其次有立言，虽久不废，此之谓不朽。”

[2] 立德：树立德行与功业。

[3] 立功：建立功绩。

[4] 立言：著书立说。

三惧[1]：

处尊位而恐不闻其过[2]，得志而恐骄[3]，闻至道而恐不能行[4]。

注　释

[1] 三惧：指圣君治国应该戒惧的三件事。语见《韩诗外传》卷七。

[2] 处(chǔ)：居于，处在。　尊位：高位。恐：担心，害怕。　不闻其过：听不到自己的过失。

[3] 得志：谓实现其志愿。　骄：骄傲。

[4] 至道：指最好的学说、道德或政治制度。行(xíng)：实施。

四轻[1]:

言轻则招忧[2]，行轻则招
辜[3]，貌轻则招辱[4]，好轻则招
淫[5]。

注 释

[1] 四轻:言轻、行轻、貌轻、好轻。下面四
　　句话出自扬雄的《法言·修身》。

[2] 言轻:言语轻浮。　　则:就。　　招忧:招
　　来忧愁。

[3] 行(xíng)轻:行为轻浮。　　招辜:招来
　　罪过。

[4] 貌轻:容貌轻浮。　　招辱:招来侮辱。

[5] 好(hào)轻:爱好轻浮。　　招淫:招来
　　邪恶。

五过[1]：

交非其人[2]，游戏怠惰[3]，动作无仪[4]，临事不恪[5]，用度不节[6]。

注　释

[1] 五过：五种过失。

[2] 交非其人：结交的不是该交往的朋友。指结交的是损友。

[3] 游戏：游乐嬉戏，玩耍。　怠惰：懈怠，懒惰。

[4] 动作：行为举止。　无仪：不守规矩。

[5] 临事：遇事或处事。　不恪（kè）：不够慎重。

[6] 用度：费用，开支。　不节：没有节制。

童蒙须知

（宋）朱 熹

《童蒙须知》是宋代儒学大师、著名教育家、思想家朱熹撰写的一部蒙学读物。朱熹一生致力于教育，对于童蒙教育极为关注，他认为，8—15岁的儿童处在"小学"时期，这个时期的任务是培养"圣贤坯璞"。由于儿童"智识未开"，思维能力薄弱，所以这个时期应以实践、养德为主。他精心撰写的《童蒙须知》，正是这样的著作。《童蒙须知》从日常生活中的衣服穿戴、语言步趋、清洁卫生、读书写字以及杂细事宜五个方面，详细说明了儿童应遵守的行为规范，涉及生活中方方面面的细节，对于培养儿童的思想品德和良好的人生习惯，具有极强的实际操作性，充分体现了"知行合一"的特点。但是，文中也存在一些封建陈腐的说教，这也是青少年在阅读中应该加以注意的。

夫童蒙之学[1]，始于衣服冠履[2]，次及言语步趋[3]，次及洒扫涓洁[4]，次及读书写文字，及有杂细事宜[5]，皆所当知[6]。

注　释

[1] 童蒙：指无知的儿童。　学：学习。这里指学习的步骤。

[2] 始：开始。　冠（guān）：古代帽子的总称。　履：鞋。

[3] 步：步行，行走。　趋：疾行，小跑。

[4] 洒扫：洒水扫地。泛指打扫卫生。涓（juān）洁：洁净、清洁。

[5] 杂细事宜：各种细小事情的安排和处理。

[6] 皆所当知：都应当知道。

大抵为人[1]，先要身体端整[2]。自冠巾、衣服、鞋袜皆须收拾爱护[3]，常令洁净整齐[4]。

注　释

[1] 大抵：大都，表示总括一般的情况，犹言"一般来说"。　为（wéi）人：做人。

[2] 端整：端庄整齐。

[3] 自：从，由。　冠（guān）巾：帽子和头巾。

[4] 常：经常，时常。　令：使，让。

凡为人子弟[1]，须是常低声下气[2]，语言详缓[3]，不可高言喧哄、浮言戏笑[4]。

注　释

[1] 凡：所有，凡是。

[2] 低声下气：形容恭顺小心的样子。

[3] 详缓：详，通"祥"。详缓，和缓。

[4] 高言：高声说话。　喧哄：喧哗吵闹。

　　浮言：没有根据的话。　戏笑：嬉笑。

凡闻人所为不善[1]，下至婢仆违过[2]，宜且包藏[3]，不应便尔声言[4]。当相告语[5]，使其知改。

注　释

[1] 所为（wéi）：所作。　不善：坏事，错事。

[2] 婢（bì）仆：男女奴仆。　违过：犯了错误。

[3] 宜：应该。　包藏：包涵，宽容。

[4] 便尔：轻易地，草率地。　声言：声张。

[5] 告语：告诉。

凡行步趋跄[1]，须是端正[2]，不可疾走跳踯[3]。若父母长上有所唤召[4]，却当疾走而前[5]，不可舒缓[6]。

注　释

[1] 行步：行走，走路。　趋跄（qiàng）：指按照一定的节奏行走。

[2] 须是：必须，定要。　端正：指走路的姿态要端正不斜。

[3] 疾走：快速奔跑。　跳踯（zhí）：上下跳跃。

[4] 长（zhǎng）上：长辈，尊长。　唤召：召唤，呼唤。

[5] 却：反而，倒。

[6] 舒缓：迟缓，缓慢。

凡为人子弟，当洒扫居处之地[1]，拂拭几案[2]，当令洁净[3]。文字笔砚、凡百器用[4]，皆当严肃整齐[5]，顿放有常处[6]。取用既毕，复置元所[7]。

注　释

[1] 居处：住所，住处。

[2] 拂拭：擦干净。　几案：桌子，案桌。

[3] 当(dāng)：应该，应当。　令：让，使。

[4] 文字笔砚：这里指纸墨笔砚。　凡百：一切。　器用：器皿用具。

[5] 严肃：这里指摆放合乎规矩。

[6] 顿放：安顿放置。　常处(chù)：固定的地方。

[7] 元所：元，同"原"。元所，原来的地方。

窗壁、几案、文字间[1]，不可书字[2]。前辈云[3]："坏笔污墨[4]，瘝子弟职[5]。书几书砚[6]，自黥其面[7]"。此为最不雅洁，切宜深戒。

注　释

[1] 窗壁:窗户和墙壁上面。　几案:书桌上面。　文字间:书本上面。

[2] 不可书字:不要随便书写字迹。

[3] 云:说。

[4] 坏笔:这里指用笔涂抹。　污墨:这里指用墨污染。

[5] 瘝(guān)子弟职:瘝,旷废。瘝子弟职,旷废子弟的职责。

[6] 书几书砚:在书桌、书本、砚台上乱写乱画。

[7] 黥(qíng):古代的一种墨刑,在额上刺字后涂上墨。

凡读书，须整顿几案[1]，令洁净端正。将书册整齐顿放，正身体对书册[2]，详缓看字[3]，仔细分明[4]。

注　释

[1] 整顿：整理，收拾。

[2] 正：端正。

[3] 详缓看字：这里指读书要看字详细，速度放缓慢。

[4] 仔细分明：仔细，认真、细致。这句是说，把书的内容看得细致、清楚、明白。

余尝谓读书有三到[1]：谓心到、眼到、口到[2]。心不在此，则眼不看仔细，心眼既不专一，却只漫浪诵读[3]，决不能记，记亦不能久也。三到之中，心到最急[4]。心既到矣，眼口岂不到乎？

注　释

[1] 余：我。　尝谓：曾经说过。

　　到：到位。

[2] 谓：说的是。

[3] 漫浪：随意，胡乱。

[4] 急：要紧，重要。

凡写字，未问写得工拙如何[1]，且要一笔一画，严正分明[2]，不可潦草。凡写文字，须要子细看本[3]，不可差讹[4]。

注　释

[1] 未问：无论。　工拙：优劣好坏。

[2] 严正：端正。　分明：清楚。

[3] 本：指书本。

[4] 差讹：错误，差错。

凡喧哄争斗之处不可近[1]，无益之事不可为[2]。

注　释

[1] 喧哄争斗之处：喧嚣哄闹打架斗殴的地方。　不可近：不要靠近。

[2] 无益之事：没有好处的事情。　不可为（wéi）：不要去做。

凡饮食于长上之前[1]，必轻嚼缓咽[2]，不可闻饮食之声[3]。

注　释

[1] 饮食：吃喝。　长（zhǎng）上：长辈。

[2] 轻嚼缓咽：轻轻地嚼、慢慢地咽。即我们常说的细嚼慢咽。

[3] 闻：听到。　饮食之声：指吞嚼食物的声音。

凡侍长者之侧^[1]，必正立拱手^[2]。有所问^[3]，则必诚实对^[4]，言不可妄^[5]。

注　释

[1] 侍：陪从或伺候。　长（zhǎng）者：长辈。　侧：身旁，旁边。

[2] 正立：端正地站立。　拱手：双手相合以示尊敬。

[3] 有所问：指长辈问话。

[4] 对：回答，应答。

[5] 言：说话。　妄：虚假，虚罔。

凡众坐[1]，必敛身[2]，勿广占坐席[3]。

注　释

[1] 众坐：与众人同坐。

[2] 敛身：收敛身体。

[3] 广占：较大范围地占据。　坐席：座位。古代席地而坐，所以称坐席。

童蒙须知韵语

（清）万斛泉

《童蒙须知韵语》的作者是清代的万斛泉。万斛泉出身贫寒，一介布衣，读书讲道，最后主讲龙门书院。他撰写的这部《童蒙须知韵语》，沿用朱熹的《童蒙须知》的顺序，编成韵语，以教育蒙童。全书分为衣服冠履、言语步趋、洒扫涓洁、读书写文字、杂细事宜五个部分，每部分又由数首韵文组成，或长或短，不一而拘，读来上口，便于蒙童记忆，对进一步理解朱熹的《童蒙须知》的内容，有很大帮助。可以肯定地说，经过实践的检验，作者的尝试是成功的。

所衣日已久[1]，

垢腻那堪睹[2]。

须是勤浣濯[3]，

破绽尽缀补[4]。

但求常完洁[5]，

莫忘纺织苦。

注　释

[1] 所衣:所穿的衣服。　日已久:时间好
长了。

[2] 垢腻:犹污垢。多指黏附于人体或物体
的不洁之物。　那(nǎ)堪:怎堪,怎能
承受。　睹:看,观看。

[3] 浣濯(huàn zhuó):洗涤,洗衣物。

[4] 破绽:衣服鞋帽等的裂缝。　缀(zhuì)
补:缝合连缀。

[5] 完洁:整洁。

晏子一狐裘[1]，

卅年犹未毁[2]。

意虽在化俗[3]，

良由善护理[4]。

注　释

[1] 晏子：即春秋时齐国正卿晏婴，他执政
　　长达五十年，历仕三世。相传他以身作
　　则，力行节俭，谦恭下士，食不重肉，妾
　　不衣帛，一狐裘穿了三十年，被称为"晏
　　子裘"。　狐裘：用狐皮制作的外衣。

[2] 卅(sà)：数词。三十。　犹：还，仍。
　　毁：伤损。

[3] 意：本意。　虽：虽然。　化俗：以节俭
　　教化齐国民众。

[4] 良：确实。　由：由于，因为。　护理：
　　养护管理。

凡为人子弟，

所居当洒扫[1]。

几案勤拂拭[2]，

不可令草草[3]。

文字与器用[4]，

顿放勿欹倒[5]。

用之既毕时，

原所安置好[6]。

注　释

[1] 所居:住宅,住处。　洒扫:先洒水在地
　　上浥湿灰尘,然后清扫。

[2] 几案:桌子,案桌。　拂拭:掸拂,揩擦。

[3] 令:使,使得。　草草:草率。

[4] 文字:这里指书本。　器用:器皿用具。

[5] 顿(dùn)放:安顿,放置。

　　欹倒(qī dǎo):歪倒。

[6] 原所安置好:按原先的样子放置好。

古人学不厌[1]，

读书辄千遍[2]。

熟则能生巧，

其义可自见[3]。

注　释

[1] 学不厌：厌，满足。学不厌，学习不觉
　　满足。

[2] 辄：每每，总是。　千遍：极言读书遍数
　　多，读得很熟。

[3] 义：指书中的道理。　自见(xiàn)：自
　　然可见。

凡为人子弟，

持志须兢兢[1]。

夜深而就寝[2]，

昧爽则必兴[3]。

注　释

[1] 持志：守志。引申为坚守志向。

　　兢兢：小心谨慎的样子。

[2] 就寝：上床睡觉。

[3] 昧爽：拂晓，天将亮未亮的时候。

　　兴：起身，起床。

无故莫饮酒[1]，

偶饮须戒醉[2]。

不惟防乱性[3]，

亦恐威仪累[4]。

注　释

[1] 无故：没有原因和理由。

[2] 戒醉：防备醉酒。

[3] 不惟：不仅，不但。　乱性：迷乱心性。

[4] 亦：也，也是。　恐：担心，害怕。

　　威仪：庄重的仪容举止。　累（lěi）：

　　连累。

幼仪杂箴

（明）方孝孺

《幼仪杂箴》是明朝人方孝孺撰写的一部蒙学读物。内容从坐、立、行、寝、拜、食、饮、言、动,一直到喜、怒、哀、乐、好、恶、取、舍,等等,涉及日常生活的各个方面,分别立目排列。每目又以简洁的语言,提出了青少年在日常生活中所应遵循的行为准则。作者所罗列的生活中的这些方面,是成德达道的基础,只有自少至长,坚持不懈,才能由近及远,达到道德的完满。作者用劝诫性的箴言对青少年进行启蒙教育,很有实际意义。

古之人自少至长[1]，于其所在[2]，皆致谨焉而不敢忽[3]。

注　释

[1] 自少(shào)至长(zhǎng)：从小到大。

[2] 于其所在：于，对于。于其所在，对于他
们生活的每一个地方。

[3] 皆：都。　致谨：致，达到。致谨，谨慎
从事。　焉：语气词。用于句中表停
顿。　忽：忽略，不经心。

酒之为患[1]，俾谨者荒[2]，俾庄者狂[3]，俾贵者贱[4]，而存者亡[5]。有家有国，尚慎其防[6]。

注 释

[1] 酒：饮酒。

[2] 俾：使。 俾谨者荒：使严谨的人荒废懒散。

[3] 俾庄者狂：使端庄的人癫狂错乱。

[4] 俾贵者贱：使高贵的人低下卑贱。

[5] 存者亡：使活着的人得病死亡。

[6] 有家有国，尚慎其防：持家治国的人，一定要小心提防。

物有可好[1]，汝勿好之[2]。德有可好[3]，汝则效之[4]。贱物而贵德[5]，孰谓道远[6]，将允蹈之[7]。

注　释

[1] 好(hào)：喜爱，爱好。

[2] 汝：你。　勿：不，不要。

[3] 德：道德修养。

[4] 效：模仿，学习。

[5] 贱物而贵德：轻视物品，重视道德修养。

[6] 孰谓道远：谁说这条道路遥远。

[7] 允：真诚，诚实。　蹈：踏上。

见人不善[1]，莫不知恶[2]。己有不善，安之不顾[3]。人之恶恶[4]，心与汝同。汝恶不改，人宁汝容[5]。恶己所可恶，德乃自新[6]。己无不善，斯能恶人[7]。

注 释

[1] 不善：不良行为。

[2] 莫(mò)不：没有一个不。
　　恶(wù)：厌恶。

[3] 安：怎么。　不顾：不管不问。

[4] 恶恶(wù è)：厌恶坏事。

[5] 人宁(nìng)汝容：宁，岂，难道。人宁汝容，别人难道能宽容你。

[6] 恶(wù)己所可恶(wù)，德乃自新：厌恶自己所厌恶的事，道德上才能改过自新。

[7] 己无不善，斯能恶(wù)人：自己没有不良行为，才能厌恶别人的不良行为。

非吾义，锱铢勿视[1]；义之得，千驷无愧[2]。物有多寡，义无不存[3]。畏非义如毒螫[4]，养气之门[5]。

注　释

[1] 非吾义，锱铢（zhī zhū）勿视：锱铢，都是重量单位，比喻数量微小。这两句是说，不是我应当得到的，即使极微小的东西，也不会看在眼里。

[2] 义之得，千驷无愧：驷，古代四马为一驷。这两句是说，正当应该得到的，即使良马四千匹也受之无愧。

[3] 物有多寡，义无不存：东西有多有少，都有一个该得不该得的问题存在。

[4] 畏非义如毒螫（shì）：螫，毒虫刺人。这句是说，害怕不义之物如同害怕毒虫刺人。

[5] 养气之门：培养正气的门径。

诵其言[1]，思其义[2]，存诸心[3]，见乎事[4]。

注　释

[1] 诵其言：诵读诗书的言语。

[2] 思其义：要思考它的含义。

[3] 存诸心：要把它的意义牢记在心里。

[4] 见乎事：要把理解了的事理体现在行动上。

这段是讲学和用的关系问题。要做到学以致用，并且表现在行动上。

养蒙便读

（清）周秉清

《养蒙便读》是清末民初之际的学者周秉清撰写的。周秉清对当时的养蒙读物多不满意，认为不合于当时，不符合童蒙阅读的需要，因此想撰写一部理想的蒙学读本。于是，他网罗经史，权衡古今，充分利用当时已有的蒙学读本的成果，并吸收了当时政治和道德伦理之类的内容，撰写成这部他认为最理想的养蒙读物。《养蒙便读》凡十九章，依次为立、行、坐、卧、言语、饮食、衣履、读书……直至改过、立志、修德，等等，一应俱全。虽然作者对这部蒙学读本自称概括了新旧学说，折中了古今道德，但实际上仍未脱出修身、齐家、治国、平天下的老套，新意并不多，只能说还属于一本传统的蒙学读本。

衣之本义[1]，

蔽体御寒[2]。

一粟一丝[3]，

思来之艰[4]。

注　释

[1] 本义:本来的意义。

[2] 蔽体:遮护身体。　御寒:抵御寒冷。

[3] 一粟一丝:一粒粮食、一根蚕丝。比喻
　　物之微小。

[4] 思来之艰:考虑（一粟一丝）得来的
　　艰辛。

祸从口出[1]，

病从口入[2]。

养身致谨[3]，

首在饮食[4]。

注　释

[1] 祸从口出：是说言语不慎会招致祸灾。

　　强调说话必须谨慎。

[2] 病从口入：是说疾病起于饮食不慎。

[3] 养身：保养身体。　致：通"至"。最。

　　谨：严守。

[4] 首：首要。

欲修圣功[1]，

始于孝亲[2]。

谁无父母，

木本水源[3]。

注　释

[1] 欲：想要，希望。　修：学习，培养。

圣功：至圣之功，圣人的功德。

[2] 孝亲：孝敬父母。

[3] 木本水源：树的根和水的源头。这里是

说父母是"木本水源"。

授吾以业[1]，

育吾以德[2]；

是名师长[3]，

成吾人格[4]。

注　释

[1] 授吾以业：给我传授学业。

[2] 育吾以德：培养我的思想品德。

[3] 是名师长：名，称为；师长，这里指老师。
这句是说，这就可以称之为老师。

[4] 成：造就。　人格：人的性情、气质、能
力等特征的总和。

人有善恶[1]，

人有邪正[2]。

取友必择[3]，

不可不慎[4]。

注　释

[1] 善恶(è)：好坏。

[2] 邪正：邪恶与正直。

[3] 取友：选择朋友。　择：挑选。

[4] 不可：不可以，不可能。

　　慎：谨慎，慎重。

择交方法[1],

观人宜慎[2],

观人于微[3],

听言观行[4]。

注　释

[1] 择交:选择交往朋友。

[2] 观人:观察别人,察看别人。　宜:应
该,应当。

[3] 观人于微:观察别人要注意细微之处。

[4] 听言观行:即"听其言观其行"。意思
是,听他说的,还要看他做的。

欲能服务[1],

当具才智[2]。

无才无智,

任事罔济[3]。

注　释

[1] 欲能:希望能够。　服务:为社会或他

人利益办事。

[2] 具:具有。　才智:才能和智慧,才能和

智谋。

[3] 任事:委以职事。　罔:不。

济:成功。

欲能服务，

当矢忠诚[1]。

鞠躬尽瘁[2]，

不计死生[3]。

注　释

[1] 矢：施行。

[2] 鞠躬尽瘁：亦作"鞠躬尽力"。意思是，
　　恭敬谨慎，竭尽心力。

[3] 不计：不计较。　死生：死亡和生存。

过既本无[1],

因妄而起[2]。

妄动不息[3],

积习难止[4]。

注　释

[1] 过:过失,错误。

[2] 妄:胡乱,随便。这里指随意乱动。

[3] 妄动:轻率行动,胡乱行动。　不息:不
　　停止。

[4] 积习:长期形成的习惯。

一言之失[1]，

驷马难追[2]。

积久说惯，

不自知非[3]。

注　释

[1] 一言之失：一句话失当。

[2] 驷马难（nán）追：比喻已说的话，难以收
　　回。驷马，指一驾车套四匹马。

[3] 不自知非：自己不能省悟以往的错误。

夏王大禹[1]，

闻善拜礼[2]。

孔徒仲由[3]，

闻过则喜[4]。

注　释

[1] 夏王：传说舜死后大禹即位建立夏朝，故尊称大禹为夏王。　大禹：古代部落联盟领袖。姒姓。原为夏后氏部落领袖，奉舜命治理洪水，十三年中三过家门不入。后被舜选为继承人。

[2] 闻善：语本《孟子·尽心上》。指闻知善事善行。　拜礼：行拜谢或致敬之礼。

[3] 孔徒：孔子的学生。　仲由：字子路，春秋鲁卞（今山东泗水）人。孔子的学生。性爽直勇敢。

[4] 闻过则喜：听到别人指出自己的过错就高兴。指虚心接受意见。

志虽欲大[1]，

心欲其细[2]。

狂妄粗疏[3]，

必偾厥事[4]。

注　释

[1] 志虽欲大：欲，须要。志虽欲大，是说志
　　向须要从大处着眼。

[2] 心欲其细：内心考虑问题须要从细微处
　　着手。

[3] 狂妄：放肆妄为。　　粗疏：疏略，不
　　精细。

[4] 必偾厥事：偾，倒覆；厥，助词。必偾厥
　　事，是说一定会败事。

少仪外传

（宋）吕祖谦

《少仪外传》是南宋著名学者吕祖谦撰写的一部蒙学著作。吕祖谦隆兴进士，官至直秘阁著作郎、国史院编修。他撰写的这部《少仪外传》，以《礼记·少仪》为名，引述前哲之懿行嘉言，并兼及立身、应世、居官之道，等等，内容相当丰富，而对于蒙童所应注重的洒扫进退之事，却未涉及，故定名为"外传"。本书原名为《帅初》，后更名为《辨志》，最后定名《少仪外传》。被收入明成祖命解缙等编辑的《永乐大典》中。

后生初学[1]，且须理会气象[2]。气象好时，百事自当[3]。气象者，辞令容止[4]，轻重疾徐[5]，足以见之矣。不惟君子小人于此焉分[6]，亦贵贱寿夭之所由定也[6]。

注　释

[1] 后生：后辈，子孙。

[2] 理会：理解领会。　气象：气度，气概。

[3] 自当(dāng)：自然应当。

[4] 辞令：应对的言辞。　容止：仪容举止。

[5] 疾徐：快慢。

[6] 不惟：不仅，不但。　焉：助词。相当于"之"、"是"。

[7] 寿夭：长寿与夭折。

今之朋友，择其善柔以相与[1]，拍肩执袂[2]，认为气合[3]，一言不合，怒气相加。朋友之际，欲其相下不倦[4]，难矣。

注　释

[1] 择：选择。善柔：阿谀奉承的人。　相与：相处，相交往。

[2] 执袂（mèi）：拉住衣袖。形容分别时依依不舍。

[3] 气合：意气相投。

[4] 相下：互相谦让。　不倦：不厌倦。

人虽至愚[1]，责人则明[2]；虽有聪明，恕己则昏[3]。尔曹但常以责人之心责己[4]，恕己之心恕人[5]，不患不到圣贤地位也[6]。

注 释

[1] 至愚：极其愚笨。

[2] 责人：要求别人。 明：严明，严格。

[3] 恕己：宽恕自己。 昏：糊涂。

[4] 尔曹：犹言汝辈、你们。 但：只要。

责己：要求自己。

[5] 恕人：宽恕别人。

[6] 不患：不用担心。

幼学之士[1]，先要分别人品之上下[2]，何者是圣贤所为之事[3]，何者是下愚所为之事[4]，向善背恶[5]，去彼取此[6]，此幼学所当先也[7]。

注　释

[1] 幼学：语出《礼记·曲礼上》："人生十年曰幼，学。"因称十岁为"幼学之年"。

[2] 人品：人的品格。

[3] 所为（wéi）：所做。

[4] 下愚：极愚蠢的人。

[5] 向：接近。　背：离开。

[6] 去：舍去。　取：保留。

[7] 当（dāng）先：走在最前面，领先。

既能见贤[1]，又须要尊贤[2]，若但见而不能尊[3]，则与兽畜之无异。今人与有势者则能屈[4]，而以贤不能尊[5]，是未之熟思[6]。

注　释

[1] 见贤:看到贤人,遇到贤人。

[2] 尊贤:尊敬贤人。

[3] 但:只。

[4] 有势者:有权势的人。　屈:屈服。

[5] 以:通"有"。

[6] 是未之熟思:是,这;未,不。这句的大意是,这不值得慎重考虑吗?

言忠信[1]，行笃敬[2]，言必信[3]，行必果[4]，最是初学要下功夫处。作事第一不可苟且[5]，不可因循[6]，要作便作，直是了当，方可放下。

注　释

[1] 忠信：忠诚信实。

[2] 笃敬：笃厚敬肃。

[3] 信：守信用。

[4] 果：果敢，决断。

[5] 苟且：只图眼前，得过且过。

[6] 因循：保守，守旧。

凡人行事[1]，年少立身[2]，不可不慎。勿轻论人[3]，勿轻说事，如此则悔吝何由而生[4]？患祸从何而至矣[5]？

注　释

[1] 凡人：指所有的人。　行（xíng）事：办事。

[2] 年少（shào）：犹少年。　立身：处世、为人。

[3] 轻：轻易。　论（lùn）人：评说别人。

[4] 悔吝：悔恨。

[5] 患祸：祸患。

凡勤学须是出于本心[1]，不待父母先生督责[2]，造次不忘[3]，寝食在念，然后见功。苟有人则作[4]，无人则辍[5]，此之谓为父母先生勤学，非为己修[6]，终无所得。

注　释

[1] 凡：所有，凡是。　本心：真心。

[2] 督责：督促责问。

[3] 造次：须臾，片刻。

[4] 苟：如果。

[5] 辍：中途停顿，中断。

[6] 非：不是。　修：学习。

凡读书必务精熟[1]，若或记性迟钝[2]，则多诵遍数，自然精熟[3]，记得坚固[4]。若是遍数不多，只务强记[5]，今日成诵，来日便忘，其与不曾诵何异[6]？

注　释

[1] 必务：犹必须，务必。

[2] 若或：假如，如果。　迟钝：思想、感官、行动等反应慢，不灵敏。

[3] 精熟：精通熟悉。

[4] 坚固：牢固。

[5] 只：仅仅。　务：尽力。

[6] 其与：这和。

当官之法，唯有三事：曰清、曰慎、曰勤[1]。知此三者，可以保禄位[2]，可以远耻辱[3]，可以得上之知[4]，可以得下之援[5]。

注 释

[1] 清：清廉，清白。　慎：谨慎。　勤：尽心尽力地多做事。

[2] 禄位：官位俸禄。

[3] 远（yuàn）：远离。　耻辱：声誉上所受的损害。

[4] 上：指上级、上司。　知：了解。引申为信任。

[5] 下：指百姓。　援：帮助。

童子礼

（明）屠羲英

《童子礼》是明代学者屠羲英撰写的。本文开篇，作者引用《易经》中"蒙以养正"的经典理论，阐述启蒙教育就是培养人的正直品格，这是至圣之功；而"养正"莫先于礼，只有在童蒙时期就进行礼的教育，"养正"才能成功。基于此，作者兹本《曲礼》《内则》《少仪》《弟子职》诸篇，并附诸儒训蒙要语，撰写此篇。《童子礼》全篇分检束身心之礼、入事父兄出事师长之礼、书堂肄业之礼三类，共三十目。这些礼节虽距今天远了一些，但对少年儿童及青年进行礼的教育，还是有参考意义的。

《易》曰[1]:"蒙以养正,圣功也[2]。"而养正莫先于礼[3]。

注 释

[1]《易》:即《周易》,又称《易经》,是儒家重要经典之一。相传为周人所作。内容包括《经》《传》两部分。《经》主要是六十四卦和三百八十四爻。又有卦辞、爻辞说明卦、爻,旧传文王作辞。《传》包含解释卦辞、爻辞的文辞十篇,统称为《十翼》,旧传为孔子作。据近人研究,并非出自一时一人之手。

[2]"蒙以养正"二句:出自《周易·蒙》。这两句的大意是,启蒙就是培养人的正直品格,这是圣人的功德。

[3]莫:没有谁,没有什么。 礼:社会生活中由于风俗习惯而形成的行为准则、道德规范和各种礼节。

定身端坐[1]，敛足拱手[2]。
不得偃仰倾斜[3]，依靠几席[4]。
如与人同坐，尤当敛身庄肃[5]，
毋得横臂，致有妨碍[6]。

注　释

[1] 定身：指坐时固定身体。　端坐：正坐。

[2] 敛足：双足并拢在一块。　拱手：两手
合并或抱拳。

[3] 偃仰：俯仰。

[4] 几席：几和席，为古人凭依、坐卧的
器具。

[5] 尤：尤其。　敛身：坐时摆正身体。
庄肃：端庄肃穆。

[6] 致：犹以至，以至于。

凡童子[1]，常当缄口静默[2]，不得轻忽出口[3]。或有所言，必须声气低俏[4]，不得喧聒[5]。所言之事，须真实有据，不得虚诳[6]。亦不得亢傲訾人[7]，及轻议人物长短[8]，如市井鄙俚[9]。

注　释

[1] 童子：儿童，未成年的男子。

[2] 缄口：闭口不说。

[3] 轻忽：轻率，随便。

[4] 声气低俏：说话时声音气息低而好听。

[5] 喧聒：闹声刺耳。

[6] 虚诳：欺蒙、欺骗。

[7] 亢傲：高傲无礼。　訾(zǐ)：诋毁，指责。

[8] 人物：指他人。

[9] 市井：此指城市中流俗之人。　鄙俚：指粗俗的人。

收敛精神[1]，常使耳目专一。目看书，则一意在书[2]，不可侧视他所。耳听父母训诫[3]，与先生讲谕[4]，则一意承受[5]，不可杂听他言。其非看书听讲时[6]，亦当凝视收听[7]，毋使此心外驰[8]。

注　释

[1] 收敛：聚敛，集中。

[2] 一意：专心专意。

[3] 训诫：教导和劝诫。

[4] 讲谕：讲解和教诲。

[5] 承受：接受。

[6] 其：表示假设，犹假如，如果。

[7] 凝视：凝神贯注地看。

[8] 毋：不可。　外驰：往外飞奔。引申为精力极其不集中。

凡写字，未问工拙[1]，切要专心把笔，务求字画严整[2]，毋得轻易怠惰[3]，致有潦草欹斜[4]，并差落、涂注之病[5]。

注　释

[1] 未问：同"不问"。表示不管或无论。

工拙：犹言优劣。

[2] 字画：文字的笔画、笔形。　严整：工整。

[3] 怠惰：懈怠。

[4] 欹(qī)斜：歪斜不正。

[5] 差(chā)落：错漏。　涂注：指字写错了涂抹掉。

整容定志[1]，看字断句[2]。慢读，务要字字分晓，毋得目视他处、手弄他物[3]。

注　释

[1] 整容：严肃仪容。　定志：集中意志，专心。

[2] 断句：古代书无标点符号，诵读时根据文义做停顿，或同时在书上按停顿加圈点，叫作断句。这种"句"往往比现在语法所讲的"句"短。

[3] 目视：以目注视。

四字经

（清）佚 名

蒙学读物《四字经》，撰者不详，从刻本判定，属于清朝人的作品。由于本书产生于传统社会末期，这时的封建伦理日益僵化和强化，所以，它的内容不像产生于宋代的《三字经》那样，有大量的历史和其他方面的知识，而仅仅拘泥于封建伦理说教。正由于此，限制了它的流传。

酒宜少吃[1]，

不可多饮，

当吃三杯[2]，

只饮二巡[3]，

恐防醉后[4]，

心不清宁[5]。

注　释

［1］宜：应该。　吃：此指喝酒。

［2］当：应该,应当。

［3］巡：量词。遍(用于给全座斟酒)。

［4］恐防：防备。

［5］清宁：清静安宁。

晚来窗下[1]，

高点明灯。

展开书卷，

即读书文[2]。

莫贪瞌睡[3]，

虚度光阴。

少年不读，

老来无成[4]。

注　释

[1] 晚来：傍晚，入夜。

[2] 即：就。　书文：指书籍。

[3] 莫(mò)：不要，不能。

[4] 无成：没有成功，没有成就。

良言劝你，

谨记在心。

堂上父母[1]，

须当要敬[2]。

父母打骂，

都是好情[3]。

无非愿你[4]，

成个好人。

注　释

[1] 堂上：殿堂上，正厅上。这里指家中。

[2] 须当(dāng)：应当。　敬：尊敬，尊重。

[3] 好(hǎo)情：待人感情深厚。

[4] 无非(fēi)：无一不是。　愿：希望。

相交朋友[1],

要结好人[2],

莫交浪子[3]。

卖假斯文[4]。

注 释

[1] 相交:相交往,结交。

[2] 结:结交。

[3] 浪子:不务正业、游荡玩乐的青年人。

[4] 卖:炫耀,卖弄。

斯文:举止文雅。

四言杂字

佚名

杂字是古代民间的识字课本。中国向以伦理文化为主，这些不登大雅之堂的民间常用字，谓之"杂字"。这篇《四言杂字》，是民间流传较为广泛的一种。它汇辑生活中的常用字，四字一句，以韵语写成，隔句押韵，读来上口。它内容复杂，涉及日常生活的方方面面，颇具实用价值。

人生世间[1]，

耕读当先[2]。

生意买卖[3]，

图赚利钱[4]。

学会写账[5]，

再打算盘[6]。

注　释

[1] 世间：人世间，世界上。

[2] 耕读：既从事农业劳动又读书学习。

[3] 生意：做买卖。

[4] 赚利钱：获得利润，挣得钱财。

[5] 写账：即记账。

[6] 算盘：一种计算数目的工具。约在明初
　　逐渐流传开。因简单易学，运算方便，
　　通行我国，并流传于东南亚各国。

指掌家业[1]，

莫轻揭钱[2]。

出进账项[3]，

定要勤算。

耕地让畔[4]，

莫刨地边[5]。

注　释

[1] 指掌:支撑。

[2] 轻:轻易。　揭钱:借债。

[3] 账项:记载钱财货物出入情况的账目。

[4] 让畔:古代传说由于圣王的德化，种田

　　人互相谦让，在田界处让对方多占有

　　土地。

[5] 地边:田地的边缘。亦指两家土地的交

　　界处。

和睦乡里[1]，

不准藏坚[2]。

咱不及人[3]，

人岂于咱[4]？

注　释

[1] 乡里：乡亲，同乡。

[2] 藏坚：疑为"藏奸"。不肯拿出全副精力
或不肯尽自己的力量帮助别人。

[3] 不及：不伤害。

[4] 人岂于咱：别人难道还能伤害咱吗？

与人共事[1]，

巧让人占[2]。

穷苦亲戚，

莫下眼看[3]。

尔思我想[4]，

来往般远[5]。

注　释

[1] 共事：在一起做事。

[2] 巧：便宜。

[3] 下眼看：藐视，看不起。

[4] 尔：你。

[5] 般远：指亲戚相处的关系一样远近。

赶集上店^[1]，

酒要少贪^[2]。

酒色过度^[3]，

百病来缠^[4]。

注　释

[1] 赶集：乡僻之地，贸易有定期。到了日
　　期，买者卖者从四方前来，集于一定的
　　地点买卖，俗称"赶集"。　　上店：去
　　店铺。

[2] 贪：贪杯。好酒嗜饮。

[3] 酒色：酒和女色。

[4] 百病：各种疾病。　　缠：缠身。

当家主事[1]，

还要勤俭[2]。

关锁门户[3]，

亲自检点[4]。

注　释

[1] 当家：主持家业。　　主事：掌管家中的
　　事务。

[2] 勤俭：勤劳节俭。

[3] 关锁门户：门户，门扇。关锁门户，关门
　　上锁。

[4] 检点：查点。

六言杂字

佚名

《六言杂字》是杂字的一种，它以六言一句的形式写成。这篇《六言杂字》，内容涉及的都是日常生活中常用的字，如生产工具、器皿家什，还有衣食住行、工商手艺的用字，等等，具有较高的实用价值，是民间流传较广的蒙学读物。

兄友弟恭和睦，

夫唱妇随莫轻[1]。

更要交朋处友[2]，

还当睦舍和邻[3]。

谦让恭逊为上[4]，

不可斗殴欺凌[5]。

注　释

[1] 夫唱妇随：妻子唯夫命是从，处处顺从丈夫。　莫：不，不要。　轻：轻视。

[2] 交朋处友：结交朋友。

[3] 睦舍和邻：同左邻右舍和睦相处。

[4] 恭逊：恭敬谦逊。

[5] 斗殴：争斗打架。　欺凌：欺压凌辱。

不可以大压小，

不可恃富欺贫[1]，

不可面是背非[2]，

不可得重报轻[3]，

不可瞒心昧己[4]，

不可利己损人，

不可因财失义[5]，

不可贪利忘恩。

若要人来敬我，

除非我先敬人。

注　释

[1] 恃：依赖，凭借。

[2] 面是背非：当面赞成，背后反对。

[3] 得重报轻：得到的多，回报的少。

[4] 瞒心昧己：亦作"昧己瞒心"。违背自己
　　的良心做坏事。

[5] 义：道义。

省吃省费省用[1]，

积谷积钱积金。

宁可有时减省[2]，

莫待无时求人[3]。

借得虽然欢喜，

算起利息非轻[4]。

注　释

[1] 费：花费，耗费。

[2] 减省（shěng）：节省。

[3] 莫（mò）待：不要等到。

[4] 非轻：不轻。指利息过多。

养子必教读书，

不读就要学耕。

若是不读不耕，

浪荡怎得成人[1]。

玷辱祖宗父母[2]，

贻笑戚友亲邻[3]。

注　释

[1] 浪荡:游手好闲,不务正业。　怎得:怎
么能够,怎么得以。　成人:成器,
成材。

[2] 玷(diàn)辱:使蒙受耻辱,辱没。

[3] 贻笑:被人笑话。　戚友:亲戚朋友。
亲邻:亲友和邻里。

心相编

（宋）陈 抟

中国自古注重人的容貌精神与心理、心情、心术的关系，留下了不少关于心相的著作，流传较广的就是《心相编》。《心相编》的作者是宋代理学家陈抟。陈抟生于唐末，为五代及北宋的道士，后唐时举进士不第，隐居华山，宋太宗赐号希夷先生。他的这篇《心相编》篇幅不长，内涵丰富，内容涉及修身、处世、读书、敬师、交友、积德惜福、善恶凶祸，等等。文中也流露出唯心论的观点。

消沮闭藏[1]，必是奸贪之辈[2]；披肝露胆[3]，决为英杰之人[4]。

注 释

[1] 消沮闭藏(cáng)：深藏不露。此指口是心非，表里不一。

[2] 奸贪：邪恶贪贿。

[3] 披肝露胆：竭诚相告或竭尽忠诚。

[4] 决：必然，一定。　为：成为。　英杰：才智杰出。

开口说轻生[1]，临大节决然规避[2]；逢人称知己[3]，即深交究竟平常[4]。

注　释

[1] 轻生：不爱惜自己的生命。这里是指不怕死。

[2] 临：面对。　大节：关系存亡安危的关头。　决然：坚决果断的样子。　规避：设法躲避。

[3] 知己：彼此相知而情谊深切的人。

[4] 深交：进一步交往。　究竟：到底，结果。　平常：很普通。

患难中能守者[1]，若读书可作朝廷柱石之臣[2]；安乐中若忘者[3]，纵低才岂非金榜青云之客[4]。

注 释

[1] 患难(nàn)：艰险困苦的环境。　能守：能坚持操守。

[2] 若：如果，假如。　柱石之臣：担当国家重任的大臣。

[3] 安乐：安逸，快乐。　若忘：指忘机、忘怀。即自甘淡泊、忘怀名利得失。

[4] 纵：即使。　低才：才能低。　岂非：反诘用语。难道不是。　金榜青云：旧时中举进士题名的榜用黄纸书写，故称金榜。得中进士便可高升，故称登青云。

处事迟而不急[1]，大器晚成[2]；见机决而能藏[3]，高才早发[4]。

注　释

[1] 处事:办事。　迟:缓慢。

[2] 大器晚成:本指贵重器物需要长时间才能制成。这里比喻大才之人成就往往较晚。

[3] 见机:识机微,辨情势。　决:决断,果断。　藏:藏在心中。引申为深沉稳重。

[4] 高才:才智过人。　早发:过早地显露出来。

忮求念胜[1]，图名利到底逊人[2]；恻隐心多[3]，遇艰难中途获救[4]。

注 释

[1] 忮（zhì）求念胜：嫉妒贪求的念头占了上风。

[2] 图：贪图。 逊人：比不上别人，比别人差。

[3] 恻隐：同情，怜悯。

[4] 获救：得到救助。

喜怒不择轻重[1]，一事无成[2]；笑骂不审是非[3]，知交断绝[4]。

注 释

[1] 喜怒：一会儿高兴，一会儿生气。指情绪变化不定。 不择：不区分。 轻重：指说话、做事的适当限度。

[2] 一事无成：事业上毫无成就。

[3] 笑骂：讥笑辱骂。 不审：不审察。是非：对的和错的，正确与错误。

[4] 知交：知心朋友。 断绝：不再进行联系。即断绝朋友交往。

社学要略

〔明〕吕 坤

吕坤是明代著名学者,曾任山西巡抚,官至刑部侍郎,因不满朝政,弃官家居,专门讲学和著述。吕坤和他的父亲吕得胜,都倾心于童蒙读物的撰写。吕坤除撰写《蒙养礼》《续小儿语》《训子词》等著作外,还有这部《社学要略》。《社学要略》是吕坤关于蒙学教育方法的专门论著,内容密切联系当时的蒙学教育实际,观点新颖,多出新意。

古今来许多世家，无非积德。

天地间第一人品，还是读书。

——《格言联璧》

那些年的蒙学课本

彰显中华教育精神的品德养成法

读历代幼儿习诵经典

让诗书礼义浸润心灵

子弟读书，大则名就功成[1]，小则识字明理，世间第一好事。有等昏愚父母[2]，有子不教读书，邪心野性[3]，竟成恶人[4]，做盗贼，犯刑宪[5]，皆由于此。

注　释

[1] 大：此指书读得好的。

[2] 有等：有些，有的。　昏愚：糊涂而愚蠢。

[3] 邪心：不正当的念头。　野性：难以驯服的生性。

[4] 恶(è)人：坏人。

[5] 刑宪：刑法。

学者立身[1]，行检为重[2]。一戒说谎，二戒口谗[3]，三戒村语淫言[4]，四戒爱人财物，五戒讲人长短，六戒看人妇女，七戒交结邪人[5]，八戒衣服华美，九戒捏写是非[6]，十戒性暴气高[7]。

注 释

[1] 学者：此指求学的人。 立身：处世、为人。

[2] 行（xíng）检：操行，品行。

[3] 口谗：能言善辩。

[4] 村语：乡村粗话。 淫言：花言巧语。

[5] 邪人：心术不正的人。

[6] 捏写：伪造，捏造。

[7] 性暴：脾气暴躁。

父师善诱法

（清）唐 彪

《父师善诱法》是清初的唐彪辑撰的。唐彪长期任训导，是一位名师宿儒，有丰富的教育、教学经验。为了教诲启迪童蒙，他参照古今先贤的言论，结合自己的亲身经验，撰写了《父师善诱法》。《父师善诱法》内容包括父兄教子弟之法、尊师择师之法、学问成就全赖师传、名师指点之益等三十多个方面。该书问世以后，反响很大，书中的许多见解，不仅在当时有指导意义，在今天仍可借鉴。

凡事乘少年鞭功[1]，事半功倍[2]，年过二十，功倍而效止半矣[3]。

注　释

[1] 鞭功:鞭策督促,尽力用功。

[2] 事半功倍:费力小而收效大。

[3] 功倍:指大的收效。　效:效果,功效。

　止:仅,只。

有志之士，纵不能日新^[1]，犹当月进^[2]，不能月进，犹当岁益^[3]。

注　释

[1] 纵：即使。　日新：日日更新。

[2] 犹：还，仍。　月进：月月有进步。

[3] 岁益：每年有长进。

父母爱其子而不教,是不爱其子也;虽教而不严[1],是亦不爱其子也[2]。父母教而不学,是子不爱其身也;学而不勤[3],是亦不爱其身也。是故养子必教[4],教则必严[5],严则必勤,勤则必成[6]。

注　释

[1] 虽:即使。　不严:不严格。

[2] 亦:也。

[3] 勤:勤奋。

[4] 是故:因此,所以。

[5] 则:就。

[6] 必成:一定成功。

匡衡好学[1]，邑有富民[2]，家多书，衡为之佣作而不取其值[3]，日愿借主人书读耳[4]，遂得博览群书[5]。

注　释

[1] 匡衡：西汉经学家。字稚圭，东海承（今山东苍山兰陵镇）人。少时家贫，为人佣作，好读书。能文学，善读《诗》，后官至丞相。

[2] 邑：城镇。

[3] 佣作：受雇为人做工。　值：劳作所得的报酬。

[4] 日：每天。　耳：语气词。与"而已""罢了"同义。

[5] 遂：于是，就。　博览：广泛阅读。

凡书中有难读之句，摘出多读数十遍，则通体皆易熟[1]。读书知断续顿挫之法[2]，则书之神情透露[3]，不但易熟，而且易记。

注　释

[1] 通体：指整本书。

[2] 顿挫：声调抑扬，有停顿转折。

[3] 神情：本指人面部的神态、表情。这里指书所内含的精神情感。　透露：显露出来。

先生讲书，至有关德行伦理者[1]，便说与学生知道，要这等行[2]，才是好人。有关修己治人[3]，忠君爱国者，便说道，你他日做官，亦要如此。

注　释

[1] 至：到。这里指讲到。　德行（xíng）：道德品行。　伦理：人伦道理之理，指人与人相处的各种道德准则。

[2] 这等：这样。　行（xíng）：做。

[3] 修己：自我修养。　治人：治理他人，管理他人。

古人学问并称[1]，明均重也[2]。不能问者，学必不进[3]。

注　释

[1] 学问：学习和询问（知识、技能等）。

[2] 明均重也：说明白学和问的道理同样重要。

[3] 不能问者，学必不进：这两句是说，只学习而不询问的人，学习一定没有长进。

子弟聪明有志者,可以责扑骂詈愧耻之[1],使之激励精进[2]。愚顽无志者[3],督责之则彼益自弃[4],而安于下流[5],无上进之机也[6]。

注　释

[1] 责扑:责打。　骂詈(lì):斥骂。

　　愧耻:羞辱。

[2] 激励:激发鼓励。　精进:锐意求进。

[3] 愚顽:愚钝。

[4] 督责:督促责备。　彼:他(指愚顽无志者)。　益:更加。　自弃:自甘落后,不求上进。

[5] 下流:下品,劣等。

[6] 机:时机,机会。

重订训学良规

（清）李新庵　陈　彝

《重订训学良规》是清朝光绪年间督学陈彝对当朝李新庵所撰的《训学良规》的修订。李新庵的《训学良规》是比照自身经历为生徒写的一部学规。陈彝认为李新庵的《训学良规》过于繁复，不利于诸生学习和执行，于是删繁就简，又附以己意，定名为《重订训学良规》。《重订训学良规》的内容，既有修身、处世的条款，也有读书、交友、治学方面的条目，涉及较多的还是先生教、学生学的问题，其中不乏在今天仍有实际意义的条文。

子弟须诚实，大忌诳语[1]。语言不实，心术所关[2]，一切瞒心昧己事[3]，都从此出。须教以有一说一、有二说二，不准半句虚言有犯[4]，虽无关紧要，亦必严惩。至他人隐事[5]，则不可说，此正慎言之义[6]，两不相妨也。

注　释

[1] 诳(kuáng)语：说谎话。

[2] 心术：思想和心计。

[3] 瞒心昧己：指违背自己的良心做坏事。

[4] 虚言：空话，假话。

[5] 隐事：不愿暴露的隐私。

[6] 慎言：出言谨慎。

子弟须俭朴。一饮食也,当使知来处不易,勿以粗粝而嫌之[1]。一衣服也,当使知物力艰难,勿以布素而轻之[2]。微而片纸寸墨[3],亦当爱惜,勿稍暴殄[4],异日方为保家之子[5]。

注 释

[1] 粗粝(lì):粗劣的食物。

[2] 布素:布衣素服。布指质地,素指颜色,形容衣着俭朴。

[3] 片纸:一小张纸。 寸墨:一小段墨(墨指过去学生写毛笔字用的墨块)。

[4] 暴殄(tiǎn):任意浪费、糟蹋。

[5] 异日:犹来日,以后。 方为:才能成为。 保家:保住家族或家业。

子弟须敬惜五谷[1]。地上及水盆中有米谷遗粒[2]，必取食之，饭及小食[3]，不得粒屑遗漏[4]，即浆糊粥汤味变者[5]，亦须与鸡犬食，不可抛弃。

注 释

[1] 敬惜：珍惜。

[2] 米谷：泛指粮食。　遗粒：遗落的谷粒。

[3] 小食：原指早餐，后泛指点心、零食。

[4] 粒屑：粮食的颗粒及点心碎屑。

[5] 浆（jiàng）糊：用面粉做成的用来粘贴东西的糊状物。　浆：同"糨"。

淫书小说[1]，最足误人子弟。而子弟通病，又往往不喜正经书，独于此等一见便好[2]。须严禁子弟，勿稍寓目[3]，劝其父兄，家有此等书，务须焚毁[4]，以杜祸根[5]。

注　释

[1] 淫书：内容淫秽、宣扬色情的书籍。本文将小说视同淫书对待，失之偏颇。

[2] 好(hào)：喜好。

[3] 寓目：犹过目、观看。

[4] 焚毁：烧毁。

[5] 杜：断绝，制止。

子弟须虚心，万不可自以为是[1]，不肯认错，尤忌稍有一知半解，便妄自高大[2]，陵忽长者[3]，轻慢同列[4]。有若此者[5]，急宜严为裁抑[6]，俾使敛戢[7]，否则有才不如无才矣。

注 释

[1] 自以为(wéi)是：认为自己的看法对，不接受别人的意见。

[2] 妄自高大：狂妄自大。

[3] 陵忽：欺凌轻慢。

[4] 轻慢：对人不尊重，态度傲慢。 同列：同一班列，同等地位。亦指地位相同者。

[5] 若此：如此，这样。

[6] 裁抑：制裁。

[7] 俾(bǐ)：使。 使：让。 敛戢(jí)：收敛。

子弟稍聪明者，不能一无所好。杂艺如作画、刻印章、弹琴、弈棋[1]，皆无碍正业，日力有余[2]，听其随意游戏，过于拘束[3]，转恐决裂[4]。

注　释

[1] 杂艺：各种技艺。　弈棋：下棋。古代
　　多指下围棋。

[2] 日力：泛指时间、光阴。

[3] 拘束：限制，约束。

[4] 转(zhuǎn)：副词。反而，反倒。

　　决裂：叛逆。

子弟须知择交[1]。人生十六七岁，远于师保之严[2]，渐有友朋之乐[3]，此时知识大开，性情未定脱[4]，有一淫朋匪友[5]，阑入其侧[6]，渍染甚易[7]，为害綦深[8]。为师者，须乘其十余岁时，细与讲明君子小人、损友益友之分。

注　释

[1] 择交:选择朋友。

[2] 师保:泛指老师。

[3] 友朋:朋友。

[4] 定脱:定型。

[5] 淫朋匪友:行为不端的朋友。

[6] 阑入:擅自进入。

[7] 渍(zì)染:犹传染。

[8] 綦(qí):极，很。

立基在不屑不洁四字[1]，用功在谨言慎行、改过迁善八字[2]，纵有大学问、大经济[3]，离此十二字，终为小人之归[4]。

注　释

[1] 立基：创立基业。　不屑：认为不值得。这里指过分追求宏大而不屑于细微之事。　不洁：不清洁，不干净。这里指过于追求完美而忽视不够完美之事。

[2] 用功：下功夫，施展本领。　谨言慎行（xíng）：说话小心，行动谨慎。　改过迁善：改正错误，决心向善。

[3] 纵：即使。　学问：知识，学识。　经济：经事济民。此指干大事业的本领。

[4] 终为小人之归：小人，识见浅狭的人；归，归附。这句的意思是，最终还要归附到小人的行列。

弟子职

（春秋）管 仲

《弟子职》是我国现存最早的蒙学读物。春秋初期政治家管仲撰。本文详述了弟子事师、早作、受业、对客、馈馈、乃食、洒扫、执烛、退习等方面的礼节，对青少年日常行为规范提出了具体的要求。郭沫若认为，《弟子职》是春秋齐国稷下学官的学则。这种说法已被大多数人所认同。

先生施教[1]，弟子是则[2]。
温恭自虚[3]，所受是极[4]。

注　释

[1] 施教：进行教育。

[2] 弟子是则：学生应该把老师的教导作为
效法的榜样。

[3] 温恭：温和恭敬。　自虚：使自己虚心。

[4] 所受是极：老师所教授的（指温恭自
虚），学生必须遵循执行。

见善从之[1]，闻义则服[2]。
温柔孝悌[3]，毋骄恃力[4]。

注　释

[1] 善：善行，善事。　从：顺从。此指虚心学习。

[2] 闻：听到。　义：符合正义或道德规范的行为。　则：就。　服：施行。

[3] 孝悌：孝顺父母，敬爱兄长。

[4] 毋：不要。　恃力：此指凭借自己年轻力壮。

志毋虚邪[1]，行必正直[2]。
游居有常[3]，必就有德[4]。

注　释

[1] 志：志向。　虚邪：虚伪邪恶。

[2] 行(xíng)：指品行。　正直：端正率直。

[3] 游居有常：游居，行止起居；常，常规，规
　　矩。这句是说，行止起居要遵守规矩。

[4] 就：靠近，接近。　有德：此指品德高尚
　　的人。

朝益暮习[1]，小心翼翼[2]。一此不懈[3]，是谓学则[4]。

注　释

[1] 朝益：指老师当天讲授的新功课。

　　暮习：晚上复习当天的功课。

[2] 翼翼：恭敬谨慎的样子。

[3] 一：专一，专心。　懈：懈怠。

[4] 是：这。　谓：说的是。　学则：学习的

　　准则。

程董二先生学则

（宋）程端蒙　董铢

《程董二先生学则》是南宋程端蒙和董铢二位先生为教乡人子弟共同撰写的。这一学则纲目分条列举，编次颇为有法，内容全面详明，非常适合旧时的学校使用，在当时影响很大。

非节假及尊命不得饮[1]，饮不过三爵[2]，勿至醉[3]。

注　释

[1] 节假：因过节而放的假期。今多作"节假日"。　尊命：对对方嘱托的敬称。饮：此指饮酒。

[2] 三爵：爵，雀形酒杯。三爵，三杯酒。

[3] 勿至醉：不要饮到醉的程度。

弹琴、习射、投壶[1]，各有仪矩[2]，非时勿弄[3]。博弈鄙事[4]，不宜亲学[5]。

注 释

[1] 习射：练习射箭的技术。古代六艺之一。　投壶：古代宴会时的一种游戏。有专门的投壶，宾主依次用矢投向壶口，以投中的多少决胜负，负者饮酒。

[2] 仪矩：礼仪规矩。

[3] 非时：不是时候。指不在正常、适当或规定的时间。

[4] 博弈：局戏和围棋。　鄙事：鄙俗低贱之事。

[5] 亲：接近，接触。